巧夺天工的

人工奇观

张哲◎编

时代出版传媒股份有限公司
安徽科学技术出版社

图书在版编目（ＣＩＰ）数据

巧夺天工的人工奇观 / 张哲编. —合肥：安徽科学技术出版社，2012.11

（最令学生着迷的百科全景）

ISBN 978-7-5337-5604-8

Ⅰ. ①巧… Ⅱ. ①张… Ⅲ. 名胜古迹—世界—青少年读物 Ⅳ. K917-49

中国版本图书馆 CIP 数据核字（2012）第 242937 号

巧夺天工的人工奇观　　　　　　　　　　　　　　　　　张哲　编

出 版 人：黄和平　　　　责任编辑：张 硕　　　　封面设计：李 婷

出版发行：时代出版传媒股份有限公司　　http://www.press-mart.com

　　　　　安徽科学技术出版社　　　　　　http://www.ahstp.net

　　　　　（合肥市政务文化新区翡翠路 1118 号出版传媒广场，邮编：230071）

印　　制：合肥杏花印务股份有限公司

开本：720×1000　1/16　　　印张：10　　　字数：200 千

版次：2012 年 11 月第 1 版　　　印次：2023 年 1 月第 2 次印刷

ISBN 978-7-5337-5604-8　　　　　　　　　　　定价：45.00 元

前言

在浩瀚的宇宙中，地球只是一颗普通的行星，亿万年的沧海桑田演绎了大自然的神奇和伟大。相对于这漫长的地质历史时期来说，人类文明的出现只是短暂的一瞬，然而，无数辉煌璀璨的人工奇观却在这个"瞬间"诞生了。

从高耸入云的巴黎埃菲尔铁塔到光彩夺目的悉尼歌剧院，从绵延万里的中国长城到雄伟壮观的埃及金字塔……人类以无与伦比的智慧和想象力创造出一个个永垂不朽的传奇。如今，它们有的已经成为散落在荒草间的片片瓦砾、残败的雕像、晦暗光线中的斑驳壁画，有的却以其钢筋铁骨之身屹立在繁华的都市街头，而有的则漂浮在茫茫的宇宙中不断地向人类传达着讯息，所有的人工奇观无不给予我们深刻的启迪。

本书精选了地球上最具魅力的100处人工奇观，展现了各地区各时代人类非凡的智慧和创造力，内容包括文明奇迹、宗教圣堂、浩荡工程、皇家宫殿、传奇古堡、都市风标和科技硕果7大部分，并配以大量精美的图片，使读者能够真正地感受到人类历史的壮阔辉煌与生生不息。

CONTENTS

目录

CONTENTS

 浩瀚工程

巧夺天工的 人工奇观

CONTENTS

巧夺天工的 人工奇观

CONTENTS

巧夺天工的 人工奇观

文明奇迹

　　历史不仅仅是靠文字来记载的，一块石头、一根圆柱、一尊残破的雕像、一幅绘画，都是历史的陈述者。走过五大洲的每个角落，吴哥窟、雅典卫城、古罗马竞技场、卡纳克神庙、奇琴伊察、马丘·比丘……无数辉煌璀璨的文明奇迹在闪耀着夺人心魄的光芒。

丛林中的奇迹——吴哥窟

吴哥窟以建筑宏伟与浮雕细致闻名于世,它也是世界上最大的庙宇。19世纪时,在探险家的努力下,经过岁月洗礼的吴哥古迹,才——出土,并在世界文物史上倍受各方的瞩目。如今,吴哥窟的造型,已经成为柬埔寨国家的标志,展现在柬埔寨的国旗上。

宗教中心

吴哥窟位于柬埔寨暹粒市北约6千米,占地约2.08平方千米,是世界上最大的宗教建筑物,与其他世界奇观如泰姬陵或金字塔等齐名。不同的是它并非陵墓,而是一个提供心灵慰藉的宗教中心。

▲ 吴哥窟是吴哥古迹中保存得最完好的庙宇,它是一座静默在藤蔓缠绕的树丛中的都城。

知识小笔记

地方小档案

位　置:亚洲
国　家:柬埔寨
特　色:规模宏大,布局错综复杂

历史背景

12世纪时,吴哥王朝国王苏耶跋摩二世希望在平地兴建一座规模宏伟的石窟寺庙,作为吴哥王朝的国都和国寺。因此举全国之力,并花了大约35年建造了吴哥窟。

▲ 如今,享誉世界的吴哥窟的身影出现在很多纪录片以及电影里,其中就包括大家熟知的《古墓丽影》和《花样年华》。

整体布局

从空中俯瞰吴哥窟：一道长方形护城河围绕一个长方形的满是郁郁葱葱树木的绿洲，绿洲有一道围墙环绕。绿洲正中的建筑是吴哥窟寺的印度教式的须弥山金字塔。在金字塔式的寺庙的最高层，矗立着五座宝塔。

浮雕艺术

吴哥窟的浮雕极为精致且富有真实感。在回廊的内壁及廊柱、石墙、基石、窗楣、栏杆之上，都有浮雕。这些浮雕手法娴熟，场面复杂，人物姿态生动，形象逼真，且采用重叠的层次来显示深远的空间，堪称世界艺术史中的杰作。

↑ 吴哥窟的浮雕被认为是世界艺术宝库中的精品，其主要内容是有关印度教湿婆神的传说。

建筑特点

台基、回廊、蹬道、宝塔构成吴哥寺错综复杂的建筑群。全部建筑用砂石砌成，石块之间无灰浆或其他粘合剂，靠石块表面形状的规整以及本身的重量彼此结合在一起。

↑ 吴哥窟是吴哥古迹中保存得最完好的庙宇，它是一座静默在藤蔓缠绕的树丛中的都城。

石块上的史诗——婆罗浮屠

婆罗浮屠是南半球最大最古老的文明遗迹,它与中国的长城、印度的泰姬陵和柬埔寨的吴哥古迹一起,被世人誉为世界东方四大文明奇迹。然而,婆罗浮屠却被无情的火山灰覆盖了长达 800 年之久,直到 18 世纪被英国的探险家发现才重见天日。

地理位置

婆罗浮屠,梵文意为"山丘上的佛塔",它位于印度尼西亚爪哇岛中部默拉皮火山山麓一个呈矩形的小山丘上,占地 1.23 万平方米。

巨石砌成的佛塔

婆罗浮屠相传建于公元 8 世纪后期至 9 世纪的夏连特拉王朝时期。当时几十万农民和奴隶被迫在这片山林里用 15 年的时间,将附近河流中的 200 万块、每块约重 1 吨的安山岩石和玄武岩搬进山里,砌成了这座长 123 米,宽 113 米,高 42 米的佛塔。

关于婆罗浮屠有不少传说,其中的一个是说婆罗浮屠的佛像可以避邪,于是便引来不少游客顶礼膜拜,祈求平安和幸福。

印尼婆罗浮屠

巨大的坛场

　　整个建筑犹如一个巨大的坛场，共9层，有4层回廊式的方龛，主佛塔周围72座小塔矗立，如星辰环绕。每个小塔内都供奉着一尊成人大小的佛像，形态各异。从高层走下，每层都有佛像，总共有大小佛像505尊。

婆罗浮屠寺

知识小笔记

地方小档案

位　置：亚洲
国　家：印度尼西亚
特　色：用火山岩堆砌而成的世界上最大的佛塔

精美的浮雕

　　在下层的方形回廊壁上有2 500幅浮雕，取材于大乘经典上的宗教故事，还有当时人民生活的习俗、人物、花草、鸟兽和热带水果等雕塑，都栩栩如生，玲珑剔透。这些浮雕连起来有4千米，被称为"石块上的史诗"。

印尼爪哇婆罗浮屠

史前文明遗迹——巨石阵

在 古埃及人用巨大的石块大规模兴建金字塔之前大约400年，另一群人早已在英格兰南部索尔兹伯里附近的平原上用同样巨大的石块建起了一座巨大而神秘的建筑，那就是著名的史前文明遗迹——英国巨石阵。

石阵结构

这些巨石高5~10米，重量为25~30吨，直立的石块上边还架着巨石的横梁，形成一个十分壮观的圆形大栅栏，还竖着5座形如门框的三石塔，其中最高的一块重达60吨。

知识·小·笔记

地方小档案

位　置：欧洲
国　家：英国
特　色：不仅在建筑学史上具有重要的地位，在天文学上也同样有着重大的意义

分阶段完工

考古学家们一致认为，巨石阵是分为三个阶段完成的，前后长达1 500年。第一阶段大约在公元前3100~前3000年，第二阶段为公元前3000~前2600年，其后的1 000年间为巨石阵建造的第三阶段。

▼巨石阵具有各种结构。

空白的历史书卷

现在，已经找不到任何关于巨石阵的古代文字记载，它究竟是一个举行宗教仪式和葬礼的中心，还是一个预测重要天文现象的观象台，又或者是外星人的杰作？几百年来，不断有学者对巨石阵的来源做出阐释，得出的结论却各异。

↑ 许多人更愿意相信，巨石阵是远古祖先有意留给后人的一个巨大谜题。

↑ 人们认为巨石阵最初很有可能是一个精密的天文观象台。

精密的天文台

每当日落时分，在岩石和周围的地面上都会产生出一些不同寻常的影子，组成各个同心圆的拱门全部都朝向太阳或星座。因此有人认为巨石阵最初很有可能是一个精密的天文观象台。

未解之谜

由于巨石阵是在 1 500 年的时间里不连续完成的建筑，所以，最后的建造者们对于这一建筑的真正目的也已经模糊。因此，巨石阵从一个用于天文观测的场所逐渐演变成了一个纪念物或者祭祀地，甚至行刑的地方。或许，巨石阵还是一个具有综合意义的场所。

丛林中的奇迹——雅典卫城

文明、神话、宗教在希腊兴盛了 1 000 多年。雅典卫城包含 4 个古希腊艺术最大的杰作——帕特农神庙、通廊、厄瑞克修姆庙和雅典娜胜利神庙。无论走到雅典市的任何地方，时常能在不经意间看到卫城的倩影，卫城是雅典以及全希腊的一颗明珠。

国家的象征

雅典卫城距今已有 3 000 年的历史，它坐落在雅典城中央一个海拔 150 米的孤立的山冈上。卫城，原意是奴隶主统治者的圣地，古代在此建有神庙，同时又是城市防卫要塞。自波希战争后，卫城更被视为国家的象征。

知识小笔记

地方小档案

位　置：欧洲
国　家：希腊
特　色：建造在海拔 150 多米高的石灰岩山岗上

帕特农神庙

帕特农神庙，在公元前 432 年建成。神庙长 70 米、宽 31 米，被 48 根多利安式列柱所环绕，每根柱子高 10 米，直径 2 米，总面积达 2 148 平方米，大约是巴黎圣母院的 1/3，但较之早了 1 782 年。

作为古希腊建筑的的代表作，雅典卫城达到了古希腊圣地建筑群、庙宇、柱式和雕刻的最高水平。

女神雕像

帕特农神庙中本来有一尊大雅典娜巨像，据记载，雅典娜女神雕像高 12 米，由象牙和金子制成，矗立在光线昏暗的神庙中，金光烁烁。但后来在被运到君士坦丁堡后即下落不明。

胜利女神庙

胜利女神庙建于公元前
449 ～前 421 年，檐壁上的
浮雕和女儿墙外侧的浮雕题
材都取自反波斯侵略战争的
场面。胜利女神庙是波希战
争后第一个着手设计的建筑
物，它的命意、选址、构图、
装饰都是为了庆祝卫国战争
胜利的主题。

雅典娜神庙

卫城博物馆

卫城博物馆里保存着自 1834 年卫城各神庙出土的所有文物，其中绝大多数为石雕作品。这个博物馆对研究古希腊雕刻艺术提供了可贵的资料。

充满血腥的遗迹——古罗马竞技场

古罗马竞技场在建筑史上堪称典范的杰作和奇迹，以庞大、雄伟、壮观著称于世。虽然历经 2 000 多年的风霜，今天的古罗马竞技场已经变得残缺不全，但不难从遗迹中体会到当年古罗马帝国那辉煌一时的文明。而今，这个巨型遗迹已成为罗马市的标志。

◀ 竞技场内部远观图

不断的修缮

公元 72 年，维斯巴西安皇帝为庆祝征服耶路撒冷的胜利，强迫 8 万名犹太俘虏修建，公元 80 年落成，工程历时 8 年。公元 3 世纪和 5 世纪重新修缮。文艺复兴后又经过多次修整，才使这座古老而雄伟的建筑得以保留至今。

建筑结构

从外观上看，古罗马竞技场呈正圆形；而俯瞰时，却是椭圆形的。它占地面积约 2.4 万平方米，长直径为 189 米，短直径为 156 米，椭圆周长 527 米，可以容纳近 9 万人数的观众。

◀ 古罗马竞技场

阶梯式的看台

　　竞技场的看台逐层向后退，形成阶梯式坡度。每层的 80 个拱形成了 80 个开口，最上面两层则有 80 个窗洞，观众们入场后可以很顺利地找到自己的位子。这种入场的设计，即使是今天的大型体育场也依然在沿用。

五个分区

　　看台约有 60 排，分为五个区，最下面前排是贵宾（如元老、长官、祭司等）区；第二层供贵族使用；第三区是给富人使用的；第四区由普通公民使用，最后一区则是给底层妇女、奴隶和贫民使用，全部是站席。

罗马竞技场的阶梯式看台，并被分为贵宾、贵族、富人区、普通公民区和底层（妇女、奴隶和贫民）五个区。

知 识 小 笔 记

地方小档案

位　　置：欧洲
国　　家：意大利
特　　色：气势磅礴,雄伟壮观

角斗士

　　角斗是古罗马竞技场里的主要节目。当时对角斗表演的需求非常大，于是出现了一个完整的行业，对角斗士进行培训，以便源源不断地供应角斗士，大多数角斗士来自奴隶和俘虏。

天然的历史博物馆——庞贝古城

公元 79 年，在风景如画的意大利西南海岸的那不勒斯湾附近，著名的维苏威火山开始了历史上最著名的一次喷发，灼热的火山岩浆毁灭了山脚下的庞贝古城，直到 18 世纪中叶，考古学家才把古城从数米厚的火山灰中挖掘出来。

↑ 庞贝城

古城的"复活"

16 世纪末，有位建筑师偶然在田间发掘了一条地下通道，竟挖到一座圆形剧场的遗址。1748 年，当地农民在修渠时，又发现了许多碑碣、石像，此后，经过 200 年坚持不懈的挖掘，一座在地下沉睡了近 2 000 年的古城"复活"了，这就是庞贝城。

古城的历史

早在公元前 7 世纪，庞贝已经是一座人口稠密、商旅云集的小城。强大的罗马帝国将庞贝划入自己的版图后，这里开始成为一座繁华的城市，贸易往来繁多，经济发达，是当时罗马帝国经济、政治、宗教的中心之一。

↑ 原本富丽堂皇的建筑，如今只剩下残垣断壁。

先进的布局

庞贝城占地约 1.8 平方千米，四周是坚固的石彻城墙，设有 8 座高大的城门。城里纵横两条笔直、平坦的大街，呈井字形，把全城分成 9 个街区。街道每个十字路口都有饰有精致雕像的石头水池，里面储存着甘甜的泉水。

瞬间的灾难

当灾难瞬间降临在庞贝城后，许多人在睡梦中死去，也有人在家门口高举手臂张大口喘着气死去；不少人家的面包仍在烤炉上，狗还拴在门边的链子上；奴隶们还带着绳索；图书馆架上摆放着草纸做成的书卷，墙上还贴着选举标语……

知识小笔记

地方小档案

位　　置：欧洲
国　　家：意大利
特　　色：保留了大量古罗马帝国的建筑遗迹和艺术文物

▶考古学家在发掘庞贝古城时，发现了许多遇难者的遗体，他们有一部分竟奇迹般地"复活"了。原来，他们的身体被火山熔岩包裹，肉体虽然腐烂，但在凝固的熔岩中却留下人体的形状。考古学家把石膏液灌进空腔中，等石膏液凝固后，再剥去外面的熔岩，就得到了遇难者临终前的石膏像

⚘ 庞贝城和维苏威火山

建筑史的"绝笔"——比萨斜塔

比萨斜塔是举世闻名的胜景和历史性建筑,是比萨人的骄傲,也是意大利的象征之一。比萨斜塔的名气并不是由于建筑艺术上的高超与辉煌,而是因为它的"歪斜"成了世界建筑史上的"绝笔"。

地理位置

比萨斜塔位于意大利西部的比萨城,是比萨大教堂广场的一部分。比萨大教堂广场由斜塔、主教堂、洗礼堂和墓地组成。这些建筑对公元 11~14 世纪的意大利纪念艺术产生了极大影响。

知识小笔记

地方小档案

位　置:欧洲
国　家:意大利
特　色:大胆的圆形设计向世人展示了其独创性

比萨斜塔和比萨大教堂是意大利中世纪最重要的建筑群之一,也是比萨城的标志性建筑。

塔的结构

比萨斜塔高 56 米，共 8 层，大理石砌筑，塔顶钟楼有 7 个钟，每个钟发出的声音不同。600 多年来，比萨斜塔继续倾斜，如今已偏离近 5 米。这座倾斜而不倒的斜塔作为中世纪建筑的杰作和世界建筑史上的奇迹，受到旅游者青睐。

伽利略的实验

著名科学家伽利略更使比萨斜塔和比萨城名声远扬，他在比萨斜塔上做落体实验的故事流传了几百年。他的实验开创了实验物理的新时代，伽利略也因此被人们称为"近代科学之父"。

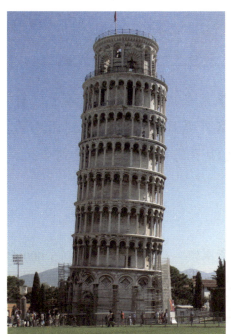

经过 12 年维修后，2001 年 12 月 15 日起，比萨斜塔再次向游人开放。

建造历史

比萨斜塔始建于 12 世纪，据说，在第 3 层完工时，可明显看出倾斜，曾一度停工。负责建筑的工程师几易其人、经过了一代又一代，时建时停，不断采取防斜措施。直到 14 世纪，历时约两百年才建成，当时塔顶中心点偏离正常中心达 2.1 米。

1590 年，伽利略在比萨斜塔上做了"两个球同时落地"的著名实验。

神秘之岛——复活节岛

复活节岛犹如一叶孤零零的方舟，飘荡在广阔的南太平洋上。自它被发现之日起，引起了世人的格外瞩目。但令人感到困惑的是，人们越是了解复活节岛，就越觉得复活节岛神秘莫测。直到今天，仍有不少人在不断地研究着复活节岛。

将军的发现

1722 年 4 月 5 日，荷兰将军雅格布·罗格文率领一支分舰队在距智利 3 000 多千米的东南太平洋上发现了一座海图上并没有标明的小岛，由于那天正好是西方的复活节，于是将军给该岛起名为复活节岛。

自然环境

复活节岛岛长 22.5 千米，呈三角形，面积还不到 120 平方千米。岛上有三座火山，整个岛屿都被火山熔岩和火山灰覆盖着，没有河流。

◆复活节岛是一座位于南太平洋中神秘的岛屿，它被当地的土著人称为世界的中心。

神秘的巨石雕像

复活节岛的四周全是造型奇特的巨石雕像。这些石像至少有 10 米高，最高的可达 20 多米，都是用整块石头雕成的，重量可能有十多吨。有的石像头上还戴着几米高的石头大帽子，耳部有长长的耳垂。

未完成的雕像

科学家们从 1914 年开始对复活节岛进行全面的考察和测绘，共统计了 887 座石像，其中还有许多未完成的雕像，还有一些雕像倒伏在搬运的路上和山上的采石厂中。

未解之谜

这些世界罕见的巨大石雕究竟代表什么呢？究竟是谁，在什么时候、什么地方，怎样雕刻了这些石像？石像又是怎样运到海边、放置到巨大的石头平台上去的？至今，关于这些雕像还有许多未解之谜。

➤ 复活节岛上的石像几乎都是长脸，长耳朵，双眉深陷，浓眉突嘴，鼻子高而翘，面朝大海，昂首凝视，神色茫然。

知识小·笔记

地方小档案

位　置：南美洲
国　家：智利
特　色：规模巨大的石刻雕像

宗教圣堂

　　宗教作为人类精神世界的产物，一直伴随着人类社会的发展，并且影响着人类文明的进程。教堂、寺庙，作为宗教的神圣建筑，不但体现了人类建筑艺术的辉煌成就，而且更是虔诚的教徒们心灵的归宿。如今，这些庄严、宏伟的宗教建筑已经成为人类文明的瑰宝。

佛教艺术宝库——莫高窟

莫高窟地处丝绸之路的一个战略要点，它不仅是东西方贸易的中转站，同时也是宗教、文化和知识的交汇处。莫高窟规模宏大，内容丰富，历史悠久，与山西云岗石窟、河南龙门石窟并称为中国"三大石窟艺术宝库"。

地理位置

莫高窟又名"千佛洞"，位于中国甘肃省敦煌市东南 25 千米处鸣沙山的崖壁上。这里全年日照充足、干燥少雨、四季分明，昼夜温差较大。

石窟结构

石窟南北长 1 600 余米，上下共 5 层，最高处达 50 米。现存洞窟 492 个，壁画 45 000 余平方米，彩塑 2 415 身，飞天塑像 4 000 余身。

◆ 莫高窟的石窟都是有编号的，从一到几百，这是三百多号石窟的外观。

◆ 中国河和莫高窟

佛教艺术宝库

莫高窟最初开凿于前秦建元二年（公元366年），至元代（公元1271~1368年）基本结束，其间经过连续近千年的不断开凿，使莫高窟成为集各时期建筑、石刻、壁画、彩塑艺术为一体，世界上规模最庞大，内容最丰富，历史最悠久的佛教艺术宝库。

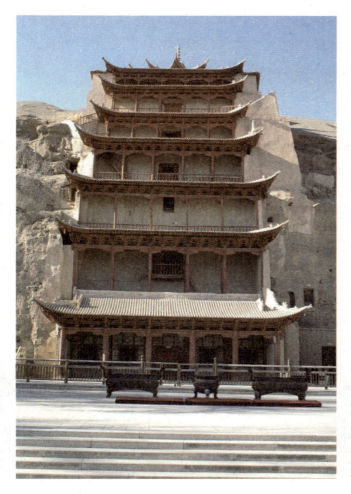

壁画艺术

石窟壁画绚丽多彩，各种各样的佛经故事、山川景物、亭台楼阁等建筑画、山水画、花卉图案、飞天佛像以及当时劳动人民进行生产的各种场面等，是16国至清代1500多年的民俗风貌和历史变迁的艺术再现。

⤹ 莫高窟的第96窟，在唐朝被称为"北大像"，今俗称大佛殿。它是莫高窟的第一大窟，建于初唐。窟内虽然没有壁画，但却依崖塑造了敦煌石窟中最大塑像（高35.5米）的弥勒佛像。

知 识 小 · 笔 记

地方小档案

位　置：亚洲
国　家：中国
特　色：洞窟分布高低错落，鳞次栉比

藏经洞

1900年在莫高窟偶然发现了"藏经洞"，洞里藏有从公元4~14世纪的历代文物五六万件。文书内容主要是佛经，此外还有道经、儒家经典、小说、诗赋、史籍等，其中不少是孤本和绝本。这些对研究中国和中亚地区的历史，都具有重要的史料和科学价值。

世界屋脊上的明珠——布达拉宫

布达拉宫是世界上海拔最高的古代宫殿,也是西藏现存最大最完整的古代宫殿建筑,被誉为"世界屋脊上的明珠"。在布达拉宫广场翘首仰望,只见殿宇巍峨,金顶入云,曲径回廊重重叠叠。那拔地凌空的气势,那金碧辉煌的色调真如天上宫阙一般。

建筑历史

布达拉宫始建于公元 7 世纪,当时西藏的吐蕃王松赞干布为迎娶唐朝的文成公主,修建了布达拉宫。吐蕃王朝灭亡之后,古老的宫堡也大部分被毁于战火。1645年,布达拉宫获得重建,此后又进行多次扩建,于是就具有了今日的规模。

知识小笔记

地方小档案

位 置:亚洲
国 家:中国
特 色:红白相间,鲜明的色彩对比

建筑结构

在拉萨海拔 3 700 多米的红山上,布达拉宫依山而建,共 13 层,高 117 米,东西长约 420 米,宫墙厚3~5 米,建筑面积约 13 万平方米,用石头和三合土砌成,坚固无比。宫墙外表向上倾斜,更显得雄伟壮观。

布达拉宫依山而建,它是一座匠心独具的传统藏式建筑。

红宫和白宫

正中的宫殿呈褐红色，称为红宫，为历世达赖喇嘛的灵堂和佛堂所在地。殿内除乾隆御赐"涌莲初地"匾额外，还保存有康熙皇帝所赐大型锦绣幔帐一对，此为布达拉宫内的稀世珍品。两侧的宫殿呈白色，称为白宫，是历代达赖喇嘛处理政务和生活起居之所。

布达拉宫的建筑美，不仅表现在它的造型上，色彩美也是重要因素。特别是白宫外墙大面积的白色，使人们很自然地联想到附近山峦终年不化的皑皑白雪。而红宫外墙的红色，如雪山中冉冉升起的一轮红日，红白相间，极为醒目。

布达拉宫佛教佛塔

丰富的历史文物

300 多年来，布达拉宫收藏和保存了极为丰富的历史文物。其中有 2 500 余平方米的壁画、近千座佛塔、上万座塑像、上万幅唐卡（卷轴画）、珍贵的经文典集；明清两代皇帝封赐达赖喇嘛的金册、金印、玉印以及大量的金银品、瓷器、珐琅、玉器、锦缎品及工艺品等。

布达拉宫

天下巨观——悬空寺

悬空寺是名副其实地建在悬崖峭壁间，其设计构思之绝、建筑艺术之高简直令人匪夷所思。除非是自己亲眼所见，否则没有人能相信这样一种建筑会真实地出现在我们的世界里，并且历经一千多年的风霜依然完好。

地理位置

悬空寺位于山西浑源县，距大同市 65 千米，是国内仅存的佛、道、儒三教合一的独特寺庙。悬空寺是历代文人墨客向往之处。诗仙李白游览后，在岩壁上写下了"壮观"二个大字。明代徐霞客游历到此，称之为"天下巨观"。

建造历史

据说，悬空寺是北魏时一位叫了然的和尚所建，距今已有 1400 年的历史。虽然历代都有重修，但原来的结构都没有改变。现存建筑是明、清两代修建后的遗物。

在中国众多的庙宇中，悬空寺可以称得上是最为奇妙的建筑。

知识小笔记

地方小档案

位 置：亚洲
国 家：中国
特 色：奇、悬、巧

建造原因

　　悬空寺所在之地在古代是南去五台、北往大同的交通要道，悬空寺建在这里，可以方便来往的信徒进香；其次，浑河河水从寺前山脚下流过，常常暴雨成灾，河水泛滥，人们以为有金龙作祟，便想到建浮屠来镇压，于是就在这百丈悬崖上悬空修建了寺院。

　　◀ 悬空寺距地面高约 50 米，但仍然发展了中国传统建筑的风格，其建筑特色可以概括为"奇、悬、巧"三个字。

建筑特点

　　悬空寺的基础是沿着石壁上稍微突出的堤坎凿开一排洞眼，逐一打入木梁，然后铺石成为地面，以承载 40 间殿宇楼阁。木梁下又支撑着几十根粗如碗口并长达 3 米的木柱，这些木柱被插在石壁的缝隙中，给人以险中有稳之感。

天下巨观

　　悬空寺所在地的山势好像一口挂起来的锅一样，中间凹了进去，而悬空寺恰好建在锅底。这样，大风不能吹袭悬空寺，寺院前面的山峰又起了遮挡烈日的作用，所以，它能够历经了千年风雨甚至地震，迄今仍然牢牢地紧贴在峭壁上。

日本人的心灵故乡——金阁寺

京 都素有日本的千年古都之称，而金阁寺就如同京都的文化名片。在著名作家三岛由纪夫的作品中，金阁寺早已不再是简单的一座建筑，而已经幻化为一个抽象的心灵符号，因此人们称它为"日本人的心灵故乡"。

地理位置

具有动人心魄之美的金阁寺坐落于日本京都，正式的名字为鹿苑寺，被日本政府指定为国宝。1994年，金阁寺被联合国教科文组织指定为世界文化遗产的重要历史建筑。

建造历史

金阁寺最早完成于1397年，现在看到的已经不是最初的金阁寺建筑。原始的金阁寺在1950年被烧毁，1955年修复后，1987年当地政府又重新在殿外敷上了金箔，所以说金阁寺也真可以说是名副其实的"金"阁寺。

▲ 通身闪闪发亮的金阁寺

知识小笔记

地方小档案

位　置：亚洲
国　家：日本
特　色：主殿外墙以金箔装饰，倍显金碧辉煌

建筑风格

　　金阁寺的结构属于镰仓时代和室町时代所盛行的那种住宅兼佛寺式建筑，亭阁共有三层，每层都反映了不同的风格：第一层是平安时代贵族住宅式宫殿风格；第二层是镰仓时代的武士住宅风格；第三层是禅宗寺庙风格。

艺术思想的精华象征

　　金阁寺的最顶端，是宝塔状结构的寺顶，也是整个建筑的艺术思想的精华象征所在，特别是顶端的那只熠熠生辉、象征吉祥的金凤凰造型装饰，不仅是一种装饰，也是一种精神上的象征。

◢ 金阁寺的结构是住宅兼佛寺式建筑，是艺术思想的精华象征。

镜湖池

　　在金阁寺的前面，是一个水平如镜的池塘——镜湖池。镜湖池内有几座岛屿和代表九山八石的多块奇岩点缀其中，风雅幽静，令人遐思。金色的楼阁倒映在清澈的湖水中，景色尤其妩媚动人。每逢冬季雪花飘落时节，金阁寺则变得银装素裹，更别有一番情趣。

两个宗教的圣殿——圣索菲亚大教堂

圣索菲亚大教堂是土耳其古都伊斯坦布尔最大的教堂，是古代拜占庭的艺术杰作。整个建筑气势庄严但不凌厉。教堂既有罗马建筑的特色，又有东方艺术的韵味，是土耳其最有名也是最有代表性的古代建筑。

圣索菲亚大教堂

神圣的教堂

圣索菲亚大教堂始建于公元 325 年，后受损于战乱。公元 537 年，查士丁尼皇帝又对它进行重建。圣索菲亚大教堂作为基督教的宫廷教堂，整整持续了 9 个世纪。

庄严的清真寺

公元 1453 年 6 月，奥斯曼土耳其苏丹穆罕默德攻入伊斯坦布尔，他下令将豪华的罗马宫殿艺术珍品化为灰烬，将大教堂改为清真寺，并在周围修建了 4 个高大的清真寺尖塔，这就是今天我们看到的大教堂的面貌。

知识小笔记

地方小档案

位　置：亚洲
国　家：土耳其
特　色：基督教和伊斯兰教在这里和谐共存

建筑风格

　　教堂的圆顶由两个半球形拱门来支撑，直径 32.6 米，离地面 54.8 米，宛如镶嵌在马尔马拉海滨的珍珠，宏伟、震撼。在 17 世纪圣彼得大教堂完成前，圣索菲亚大教堂一直是世界上最大的教堂。

教堂内部

　　教堂主体呈长方形，内壁全用彩色大理石砖和五彩斑斓的马赛克镶嵌画装点铺砌。站在教堂里，最强烈的感受是空旷。从四周窗户透进来的自然光线给幽暗的教堂营造出迷幻的宗教气氛。

◂ 圣索菲亚教堂内部结构

历史的瑰宝

　　圣索菲亚大教堂那高超的建筑结构，精美的艺术作品，营造出的神秘氛围，都充分反映了当时人们对神灵的敬畏，对天堂的神往。1932 年，教堂被改成博物馆，长期被掩盖住的拜占庭马赛克镶嵌艺术瑰宝得以重见天日，也使我们有缘感受这个珍贵的遗产。

石头组成的交响乐——巴黎圣母院

巴黎圣母院是欧洲早期哥特式建筑和雕刻艺术的代表,集宗教、文化、建筑艺术于一身。在整个欧洲,巴黎圣母院一直被视为最珍贵的宗教遗产。巴黎圣母院也因其承载着与众不同的历史与文化的时代烙印,赢得了世人更多的关注。

建造历史

巴黎圣母院始建于 1163 年,当时决定在巴黎建造一座奇美的教堂。1345 年巴黎圣母院于才最终完工,这里面不仅闪现着教堂设计者让·德·谢尔和皮埃尔·德·蒙特叶的杰出才能,还凝聚着巴黎无数石匠、铁匠、木工以及雕刻师等千百位劳动者的心血。

建筑结构

圣母院坐东朝西,正面风格独特,结构严谨,看上去十分雄伟庄严。它被壁柱纵向分隔为三大块;三条装饰带又将它横向划分为三部分,其中,最下面有三个内凹的门洞。门洞上方是所谓的"国王廊",上有分别代表以色列和犹太国历代国王的 28 尊雕塑。

巴黎圣母院集欧洲建筑罗曼风格、哥特风格和文艺复兴时期风格为一体,被视为法国最伟大的艺术杰作之一。

举世闻名的巴黎圣母院

正殿

　　教堂长 130 米，宽 48 米，高达 35 米，能容纳 9 000 人左右。步入圣母院的正殿，中间异常空旷。中央巨大圆格花窗的直径为 9.6 米；北面的那一侧窗展现的是早期天主教领袖们、宗教司法官和《圣经》中描述的诸帝王如众星捧月一般将圣母供奉在中央的情景。

知 识 小 笔 记

地方小档案

位　　置：欧洲
国　　家：法国
特　　色：典型的哥特式教堂

▲ 圣母院是巴黎最有代表性的历史古迹、观光名胜与宗教场所。

历史烙印

　　巴黎圣母院在人们心中，一直是宗教、政治和许多重大事件及典礼盛会上演的地方。菲利普四世为对抗教皇，在这里召开了市民参加的"总议会"；民族英雄圣女贞德的昭雪仪式在此举行；路易十四和路易十六在此加冕等。法兰西历史上许多深刻的场面都发生在巴黎圣母院。

"零起点"

　　巴黎圣母院广场上有法国公路网"零起点"标志，从巴黎到其他地方有多少千米，都是从这个"零起点"开始测量的。而从其他地方到巴黎有多少千米，也指的是到达"零起点"的距离。

▶ 巴黎圣母院整座教堂在 1345 年全部建成，历时 180 多年。另有小说、电影、音乐剧等以此为名

哥特式建筑的巅峰之作——亚眠大教堂

亚 眠大教堂是法国最大的教堂，同时也是法国最美的教堂之一。教堂的建筑布局严谨，以彩色玻璃装饰的教堂内壁是建筑史上的先河之作，并且以宗教为题材的著名雕像异常精美，被称为"石头上的百科全书"。

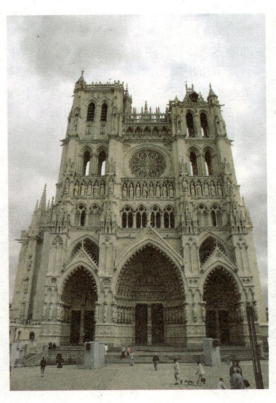

地理位置

亚眠大教堂位于法国索姆省亚眠市的索姆河畔。它始建于 1152 年，1218 年由于遭受雷击而摧毁。亚眠大教堂从 1220 年起开始重建，最终成为现在我们看到的样子。

◆亚眠大教堂是 13 世纪最大的古典哥特式教堂之一。正面三层塔式向内高挺，造型优美，整体规划连贯协调，引人入胜。

教堂结构

亚眠大教堂由 3 座殿堂、1 个宽阔的十字厅和 1 座有 7 个小礼拜堂的环形后殿组成，其中十字厅长 133.5 米，宽 65.25 米，高 43 米。教堂南北各有 1 座塔楼，南塔高 62 米，北塔高 67 米。

建筑特色

教堂内遍布 12 米高的彩色玻璃窗，采用花色窗棂，几乎看不到墙面，开创了建筑学上强调采光的新阶段，也是哥特式教堂彩色玻璃窗的典范。教堂门楣上的圣人雕像秀美结实，其中最著名的是"美丽上帝"雕像，耶稣高贵祥和的表情栩栩如生。

高大的穹顶

更令人惊讶和赞叹的是教堂高大的殿堂、直耸石柱的优美的穹顶，它们巧妙的搭配构成了完美严谨的几何图形。这种大跨度比例的穹顶使人感到教堂的静寂与博大，它的直耸云霄的高超建筑技术也深刻表达了建造者们的虔诚信仰。

▶亚眠大教堂是一座艺术的殿堂，其从里到外的雕刻物品，林林总总，多达4 000多枚。

"亚眠《圣经》"

亚眠教堂的里里外外布满了雕刻，如《最后的审判》《圣母生平》《金身圣母》等宗教题材的雕刻至今保存完好。人们把这些雕塑群体称为"亚眠《圣经》"，因为这些雕刻再现了《圣经》中数百个故事，对于中世纪目不识丁的教徒来说，无疑是一套形象化的《圣经》。

▶亚眠大教堂的明显特征是哥特式的设计风格。

知识小笔记

地方小档案

位　置：欧洲
国　家：法国
特　色：宏伟的哥特式教堂，雕刻群无比瑰丽

佛塔之国的明珠——仰光大金塔

缅甸佛塔众多,素有"佛塔之国"的盛誉。其中金碧辉煌的仰光大金塔,是塔中杰作,是缅甸国家的象征。它与印度尼西亚的婆罗浮屠塔、柬埔寨的吴哥寺齐名,是东方艺术的瑰宝,也是驰名世界的佛塔。

佛塔的历史渊源

大金塔始建于公元 585 年,据传,缅甸的俩兄弟从印度带回 8 根释迦牟尼的头发,献给当时的国王奥加拉巴,又在奥加拉巴的帮助下,修筑了高 20 米的大金塔,把佛发珍藏在内,从此,大金塔成为东南亚佛教徒朝拜的圣地。

知识·小·笔记

地方小档案

位　置:亚洲
国　家:缅甸
特　色:金碧辉煌,建筑技艺精湛

不断地修缮

佛塔初建时高约 8 米,经过历朝历代多次翻修改建,到今天,塔高已增至为 100 多米,越发显得宏伟壮观和富丽堂皇。

↓仰光大金塔

大金塔的外形

大金塔的外形就像一座倒扣在地上的巨钟，现在，塔身高 112 米，贴满 1 000 余张纯金箔，所用黄金达 7 吨之多。塔的四周上下悬挂着金、银铃，共 1.5 万多个。微风吹来，铃声叮当，清脆悦耳，声传四方。

夜晚中的仰光大金塔光彩夺目

古钟的劫难

第二次缅英战争结束后，英国殖民者计划把安置在大金塔西北角、重约 16 吨的古钟劫走。装船时，缅甸人民将钟沉入海底。英军走后，缅甸人民把古钟捞起，重新放置在大金塔的西北角，供人观赏。

塔顶用黄金铸成，上有重 1 260 千克的金属宝伞，四周镶嵌着 664 颗红宝石，551 颗翡翠，443 颗钻石。白天，在阳光照耀下，整座塔显得金碧辉煌，雍容华贵；夜晚，大金塔灯光通明，斑斓夺目，蔚为壮观。

海上金字塔——圣米歇尔山修道院

被 19世纪法国文学大师雨果称为"海上金字塔"的圣米歇尔山耸立在法国北部,诺曼底与布列塔尼之间的沙地上。圣米歇尔山修道院是天主教徒心目中,除了耶路撒冷和梵蒂冈之外的第三大圣地。千百年来,它独立于苍茫的大海之滨,接受着一代又一代信徒们的顶礼膜拜。

传说

公元708年的一夜,在圣米歇尔山附近修行的红衣主教奥贝,梦见大天使米歇尔手指沙滩上的一座小山,示意他在此修建教堂。起初奥贝不以为意,后来直到米歇尔天使3次出现在奥贝的梦中,奥贝这才恍然大悟,遂着手动工。于是,圣米歇尔山上就这样有了第一座教堂。

建筑历史

修道院的教堂始建于1023年,整个工程持续了近百年才结束。1204年法兰西将诺曼底吞并后,圣米歇尔山被人纵火焚烧,老修道院被完全烧毁。1211年法国国王菲利普二世下令修建一个新的修道院,这就是我们今天看到的闻名遐迩的拉梅维耶尔修道院。

知识小笔记

地方小档案

位　置:欧洲
国　家:法国
特　色:高耸而立,与小岛融为一体

建筑结构

　　圣米歇尔山由坚硬如铁的花岗岩石构成的，虽然建筑师的蓝图在这上面会受到地势和空间的限制，但坚实的岩基却保障了教堂建造的结实和稳固。修道院建在狭窄的山崖上，因此整个建筑结构与众不同，呈垂直状。

涨潮奇观

　　几个世纪以来，迅猛的涨潮一直是圣米歇尔山的一道著名景观，观潮成了圣米歇尔山一大特色。每逢傍晚，大西洋的潮水会以迅雷不及掩耳之势奔腾而来，刹那间将四周的流沙淹没，变成一片汪洋，只有一条1877年修建的堤道与大陆相连。

　　圣米歇尔山所在的岛距离海岸2千米，退潮时，岛底可以显露出来，而在涨潮时，上升的海面则会将小岛围住。

　　雨果说："圣米歇尔山显现出一种无限崇高的景象，像一座精美绝伦的金字塔，它的基础是海水冲刷成的雄伟山崖，或者是中世纪精雕细刻的灵岩仙居。"

最完美的教堂——科隆大教堂

科隆大教堂位于莱茵河畔拥有罗马时代悠久历史的德国科隆城。它同时拥有建筑史上三个之最——德国最大的教堂、世界上第三高教堂、建筑时间最长的教堂。教堂的整个格局给人一种浑厚凝重、超然脱俗的意境，是科隆城内最负盛名的文化遗迹。

建筑历史

科隆大教堂于 1248 年在加洛林王朝希尔德大教堂的遗址上开始兴建，1560 年教堂内大厅基本竣工。1560 年，因德国宗教改革运动而中断工程，至 1823 年续建，1880 年竣工。整个建造工程前后跨越 6 个多世纪。

→科隆大教堂巍峨壮丽，内外的雕刻、装饰极为精致华丽。

知识小笔记

地方小档案

位　置：欧洲
国　家：德国
特　色：轻盈、雅致

建筑结构

科隆大教堂共有 5 层，整个建筑全部由磨光石砌成。占地 7 914 平方米，长 144.55 米，宽 86.5 米，有 10 个礼拜堂，正面有两座尖塔，高达 157.38 米，周围还建有无数座小尖塔。

→登至 150 多米的塔顶，俯瞰市区，科隆美景一览无遗。

最完美的教堂

　　教堂的尖拱屋顶高达 45 米，高耸通透，达到哥特式建筑理想的极致。从大教堂内部可以看到四壁上彩色玻璃镶嵌而成的窗户。窗户上的图案全是《圣经》的故事，面积达 10 000 多平方米。当阳光经过这些彩色窗射入，室内斑斓闪烁，俨然一个神的境界。

珍贵的藏品

　　在教堂的藏品中，最著名的是重达 24 吨的大摆钟和一个公元 10 世纪时期的黄金匣。大摆钟堪称世界各地教堂钟表中的"巨无霸"。黄金匣则是由黄金、宝石和珍稀饰品组合而成的"宝中宝"，是中世纪金饰艺术品的代表作之一。

↑科隆大教堂

科隆城的象征

　　科隆大教堂以轻盈、雅致著称于世，成为科隆城的象征，也是世界最高的教堂之一。它与巴黎圣母院、圣彼得大教堂并称为欧洲三大宗教建筑。

↓在灯光的辉映下，教堂显得荧光闪烁，灿烂夺目，美不胜收。

米兰的象征——米兰大教堂

米兰大教堂不仅是天主教信徒的精神寄托,也是一座珍藏了众多艺术品的神圣殿堂。它如同一本厚厚的线装古书,承载着厚重的宗教历史文化,也时刻在彰显着千百年来西方古典艺术的迷人魅力。

建造历史

米兰大教堂位于米兰市中心,它是令所有米兰人引以为傲的标志性建筑。教堂始建于1386年,由米兰望族吉安·维斯孔蒂主持奠基,1813年教堂的大部分建筑完工,至1965年教堂正面最后一座铜门被安装,才算全部竣工,整个工程历时达5个世纪。

知识小笔记

地方小档案

位　置:欧洲
国　家:意大利
特　色:多元化的建筑风格

建筑结构

大教堂长约158米,最宽处约93米,宏伟的大厅被4排柱子分开,柱子加上柱头总高约26米,大厅顶部最高处距地面45米。圣坛周围支撑中央塔楼的4根柱子,每根高40米,直径达到10米。

▽米兰大教堂雄伟的气势,令人望之而生仰慕之心。

米兰大教堂在装饰及设计方面，显得相当细腻，极富艺术色彩。登上教堂的顶部可以鸟瞰米兰市的风光。

建筑风格

教堂的建筑风格十分独特，上半部分是哥特式的尖塔，据统计共 135 座，最高的尖塔高达 106.5 米，顶端有一尊 4.2 米的圣母玛丽亚像，上镀黄金。下半部分是典型的巴洛克式风格，从上而下布满雕塑，极尽繁复精美，是文艺复兴时期具有代表性的建筑物。

米兰大教堂从上而下满饰雕塑，极尽繁复精美，是文艺复兴时期具有代表性的建筑物。

充满艺术色彩

米兰大教堂本身就可以说是一个艺术品。教堂大门内的日晷是 1786 年建造的，阳光自堂顶射入时，随着地球的旋转，阳光的移动，一年四季均可准确指出每天的正午时刻。

五大铜门

教堂共有 5 扇铜门，它们分别表现的是君士坦丁皇帝的法令、圣·安布罗吉奥的生平、圣母玛丽亚的一生、从德国皇帝菲德烈二世灭亡到莱尼亚诺战役期间米兰的历史和圣·卡罗·波罗梅奥时代以来大教堂的历史。

文艺复兴之花——佛罗伦萨大教堂

长久以来,佛罗伦萨大教堂一直被人们认作是意大利文艺复兴时期第一个作品,也是整个文艺复兴运动中的一朵奇葩。因为其明快的色彩和高耸巨大的穹顶,成为一代又一代历史学家、建筑师、学者和诗人们魂牵梦绕的地方。

地理位置

佛罗伦萨大教堂位于今天意大利佛罗伦萨市的杜阿莫广场和相邻的圣·日奥瓦妮广场上,由圣玛丽亚大教堂、乔托钟楼和圣乔瓦尼洗礼堂组成。

意大利名城佛罗伦萨是欧洲文艺复兴的发源地,堪称文艺复兴时期诗歌和绘画的摇篮。佛罗伦萨保留了众多的世界文化遗产,其中最著名的就是佛罗伦萨大教堂。

大教堂

大教堂是整个建筑群的主体部分,始建于1296年,建成于1462年。教堂平面呈拉丁十字形状,本堂宽阔,最长处达153米。整个建筑群中最引人注目的是中央穹顶,仅中央穹顶本身的工程就历时14年,顶高107米,穹顶的基部呈八角平面形,平面直径达42.2米。

钟塔和洗礼堂

　　钟塔和洗礼堂也是很精美的建筑，钟塔高 88 米，分 4 层；建于 1290 年的洗礼堂高约 31.4 米，建筑外观端庄均衡，以白、绿色大理石饰面。与其华丽的外表相对应，登 464 级台阶可以到达圆屋顶，从这里还能眺望佛罗伦萨的街景。

↑ 洗礼堂

浮雕

　　佛罗伦萨大教堂还是一座藏有许多文艺复兴时期艺术珍品的博物馆。收藏的珍品中有意大利雕刻家道纳太罗的作品《先知者》雕像，大理石浮雕《唱歌的天使》是意大利雕刻家戴拉·罗比亚的作品。意大利雕刻家狄·盘果约 1420 年在大教堂侧门上雕刻了《圣母升天图》。

教堂中的绘画

　　大教堂内陈列着各种绘画，其中有一幅 1465 年画的但丁像。许多画家在此学习人体的透视画法和各种姿势，其中有达·芬奇、米开朗基罗、马基雅弗利、伽利略等一代历史巨人。

　　↑ 佛罗伦萨大教堂建筑的精致程度和技术水平超过古罗马和拜占庭建筑，其穹顶被公认是意大利文艺复兴式建筑的第一个作品，体现了奋力进取的精神。

知识小笔记

地方小档案

位　置：欧洲
国　家：意大利
特　色：高大的中央穹顶，把文艺复兴时期的屋顶形式和哥特式建筑风格完美地结合起来

石头的神话——圣瓦西里大教堂

圣瓦西里大教堂因独特的外貌和华美的色彩而闻名于世。它是显示 16 世纪俄罗斯民间建筑艺术风格的丰碑。站在红场的一端远望，圣瓦西里大教堂就如同童话中美丽公主所居住的宫殿一般，令人心潮澎湃，无限遐想。

莫斯科的象征

被誉为"一个石头的神话"的圣瓦西里大教堂，位于莫斯科红场的南面，是当年伊凡雷帝和都主教马卡里为庆祝对喀山汗国战争的胜利而下令建造成的。现在，它也成为了莫斯科一个最具特色的象征。

建筑结构

圣瓦西里大教堂由 9 座相连的八边形塔楼巧妙地组合为一体，中心塔从地基到顶尖高 47.5 米，其余 8 个较低的塔楼极巧妙地排列在中心塔楼的周围。据说，8 个塔楼上的 8 个圆顶分别代表一位喀山战役期间的圣人，中间那座最高的圆顶则象征着上帝的至高地位。

圣瓦西里大教堂是全世界建筑中最美丽的作品之一。这座风格宏伟的建筑，要体现的是俄罗斯人战胜鞑靼人的豪情，因为它的存在，人们走过广场，都会回忆起战胜入侵者的光荣。

色彩绚丽的"洋葱头"圆顶

建筑特色

不像西欧的教堂有正面、侧面和背面之分，圣瓦西里教堂的任何一面都是正面，西方教会的教堂的平面是纵长横短的十字，而东正教教堂的平面是呈正"十"字形的，这与它的正八边形结构很吻合。

美丽的圆顶

9 座塔楼的圆顶色彩各不相同，配以塔身那完美的几何外形，凡是亲眼见过的人都会觉得，世上所有的美丽都集中在了这里。徐志摩曾说过，这教堂的花顶是"从未见过的一堆古怪的颜色和一堆离奇的式样"，看着就"像是做了最古怪的梦"。

悲惨的故事

据说在圣瓦西里大教堂竣工后，它的精美绝伦使伊凡雷帝十分震惊。这个性格暴躁而残忍的沙皇命人将主持建筑师的眼睛弄瞎，为的是使他永远无法再造出同样的奇迹。

知识小笔记

地方小档案

位　置：欧洲
国　家：俄罗斯
特　色：富于创意的形式，色彩与精妙绝伦的结构完美结合

圣瓦西里升天大教堂雕像

世界上最大的教堂——圣彼得大教堂

世界上最小的国家梵蒂冈拥有世界上最大的教堂，那就是圣彼得大教堂——一个历时 120 年才修建成功的教堂，它位于意大利首都罗马西北的梵蒂冈，是罗马天主教的中心教堂、欧洲天主教徒的朝圣地和梵蒂冈罗马教皇的教廷。

教堂的历史

圣彼得大教堂最初是由君士坦丁皇帝在圣彼得墓地上修建的，于公元 326 年落成。1506 年，教皇朱利奥二世开始重建教堂，当时，意大利最优秀的建筑师布拉曼特、米开朗琪罗、德拉·波尔塔等相继主持过设计和施工，直到 1626 年 11 月 18 日，教堂才正式宣告落成。

教堂外观

大教堂的外观宏伟壮丽，正面宽 115 米，高 45 米，8 根圆柱对称立在中间，4 根方柱排在两侧。教堂的平顶上正中间站立着耶稣的雕像，两边是他的 12 个门徒的雕像一字排开，高大的圆顶上有很多精美的装饰。

知识小笔记

地方小档案

位　置：欧洲
国　家：梵蒂冈
特　色：天主教的中心教堂

殿堂内部

　　整个殿堂的内部呈十字架的形状，在十字架交叉点处是教堂的中心，中心点的地下是圣彼得的陵墓，地上是教皇的祭坛，祭坛上方是金碧辉煌的华盖，华盖的上方是教堂顶部的圆穹，其直径42米，离地面120米，圆穹的周围及整个殿堂的顶部布满美丽的图案和浮雕。

　　圣彼得大教堂是文艺复兴运动里一颗闪亮的明珠，代表了文艺复兴建筑艺术的高潮，是人类文明史上的一座里程碑。

圣彼得雕像

　　教堂门前左边树立着圣彼得高大的雕像，他神情自若、面带微笑，右手握着两把耶稣送给他的通向天堂的金钥匙，左手拿着一卷圣旨。他头上的卷发、脸上的皱纹、下巴上的胡须和身上的长袍都雕琢得非常细腻、逼真。

雕刻艺术三杰

　　教堂大殿内最引人注意的雕刻艺术杰作主要有三件，一是米开朗琪罗24岁时的雕塑作品《母爱》。二是贝尔尼尼的雕制的青铜华盖。三是圣彼得宝座，也是贝尔尼尼设计的一件镀金的青铜宝座。

　　圣彼得的雕像

独一无二的绝美建筑——蓝色清真寺

在 土耳其众多的清真寺当中,蓝色清真寺就像一颗璀璨的宝石,令文化古都伊斯坦布尔熠熠生辉,因为它是世界上唯一一座拥有6座尖塔的清真寺。当阳光透过彩色玻璃窗射到寺内那蓝色瓷砖铺就的墙壁上时,整个寺内空间呈现出一派祥和神秘的气氛。

优雅的外观

蓝色清真寺是伊斯坦布尔最大的圆顶建筑,它矗立在马尔马拉海和博斯普鲁斯海峡的海口处,整座建筑由大石头叠建,没有使用一根钉子。30多座圆顶层层升高,向直径达41米的中央圆顶聚拢,庞大而优雅。

知识小笔记

地方小档案

位　置:欧洲
国　家:土耳其
特　色:建造时没有使用一根钉子

建造历史

蓝色清真寺建造于17世纪,是建筑师奉苏丹之命而建造的。据说,在交待任务时,苏丹让建筑师将宣礼塔建成金质的。土耳其语中,"金"与"六"发音相近,建筑师误以为苏丹要他建6个宣礼塔。结果就出现了这座与众不同的、世上唯一有6座宣礼塔的清真寺。

→蓝色清真寺的名字来源于清真寺墙壁所贴的一种土耳其烧制的蓝彩釉贴瓷,这些瓷片的蓝色使得整个清真寺内似乎都充满了蓝色。

建筑特点

从空中往下看,蓝色清真寺被包围在一片葱茏的树丛中,6 个高高耸立的尖塔分三排对称地立于长方形寺院的四角和中腰,主殿上是层次分明、大小不一的大圆顶,后院则是大小和形状都一样的小圆顶。白色的建筑与绿色的树林构成了一幅十分美丽的图案。

▶蓝色清真寺

内部结构

寺院共有 8 个入口,分布于宽阔的院子的三个方位,使人们从其中的任一个方位都可以进入。走过由大理石铺成的三道门,便进到内庭,里面粉红砾石、大理石或斑岩的大石柱之间以拱门相连接。用于洗礼的喷水池则占据了内庭的中心。

◀蓝色清真寺内部

巴塞罗那的丰碑——神圣家族教堂

坐落在西班牙名城巴塞罗那市的神圣家族教堂，是建筑大师高迪倾尽毕生之力所创作出来的结晶，它也成为巴塞罗那的一个象征。这个宏大的工程，在整个人类建筑史上是独一无二的，它是一部充盈着幻象、传奇和神话的鸿篇史诗，无愧于"巴塞罗那的丰碑"的称号。

建筑结构

神圣家族主体由 18 座雄伟高塔组成，中央 170 米高的那座塔代表耶稣·基督，周围环绕的 4 座 130 米的大塔楼代表 4 位福音传道者。北面的 1 座后塔高 140 米，代表圣母，其余 12 座塔 100 米高，代表耶稣的 12 门徒。

门上栩栩如生的人像雕塑、繁复的细节，都会教人啧啧惊叹。

侧面浮雕

教堂侧面的浮雕分别被称为"诞生立面""复活立面"和"荣耀立面"。"诞生立面"描述基督降生，"复活立面"则以耶稣最后的晚餐为主题。当年高迪为了要求雕像姿态的完美，从犹大到国王，从天使到圣徒，每张面孔都根据真人模特来雕刻。

漫长的建造过程

高迪自 1883 年起主持教堂的设计、建造工程，并为之倾注了毕生的心血。神圣家族教堂没有具体的设计稿，只有高迪完成的一个完整的模型。今天，已经是第五代建筑师在这个工地上忙碌。据保守估计，教堂的建设在资金稳定供应的情况下还要十多年才能完工。

▶神圣家族教堂的内部结构，具有各种曲线。从整体到局部，都值得细细品味

知 识 小 笔 记

地方小档案

位　置:欧洲
国　家:西班牙
特　色:新哥特风格,运用曲线理念

曲线理念

高迪曾说："直线属于人类，曲线归于上帝。"这句话在神圣家族大教堂上体现得淋漓尽致：螺旋、锥形、双曲线、抛物线……各种曲线变化层出不穷，组成一座充满韵律动感的神圣建筑。

天才的建筑师

1878 年，高迪获得了建筑师的称号，他还设计了贵尔公园、巴特洛住宅、米拉宫等著名建筑。他作品中的 17 项被西班牙列为国宝级文物，3 项被联合国教科文组织列为世界文化遗产。

民族独立的象征——耶稣山

耶稣山位于巴西最大城市里约热内卢市,山上树木繁密,气候宜人。然而,使耶稣山成为万众瞩目焦点的是山顶的那座耶稣像。正对大西洋的耶稣双臂伸展,把他的怜悯与博爱洒向世界,也欢迎来自世界各地的游客,是巴西人民热情接纳和宽阔胸怀的象征。

建造历史

1922 年,巴西迎来了独立 100 周年的纪念日,以天主教为主要宗教的巴西决定修建一座耶稣像以兹纪念。于是,经过精心设计、施工,1931 年,历时 5 年的的耶稣像终于矗立在了耶稣山山顶。

▶巨大的耶稣塑像在全市的每个角落均可看到

高大的塑像

▶耶稣山已经成为里约热内卢市的标志之一,许多电影导演也都来此取景。

耶稣像由法国赠送,头和手在法国制造,分别海运至里约热内卢。塑像高 38 米,重 1 000 多吨,基座面积约 100 平方米,石像两臂张开,左右两手手指顶端之间距离达 28 米。耶稣山是里约热内卢市的象征之一,在里约热内卢的各个角落都能看到。

顶礼膜拜之地

巴西是世界上最大的天主教国家，全国90％以上的人信奉天主教，在耶稣像建成50周年时，巴西朝野和罗马教皇二世在此举行了盛大的庆祝活动。在耶稣像下设立的小教堂，更是无数信徒前来膜拜时的祷告之地。

蒂胡卡国家森林公园

耶稣山脚下是占地1平方千米的蒂胡卡国家森林公园，生长着5 000多种巴西原生植物。在这片充满热带风光的原始森林中，并没有上山的道路，游客要想到山顶观瞻耶稣雕像，必须乘坐电动齿轮小火车上山，因此山下的原生植物保护得格外好。

▲ 在耶稣像下设立的小教堂

知识小笔记

地方小档案

位　置：南美洲
国　家：巴西
特　色：巨大的雕像建在山顶之上

中巴人民友谊的象征

在公园里有一座玲珑别致的中国式凉亭，形似中国的八角亭，八个檐上雕刻着色彩艳丽的飞龙。这座凉亭是地方当局为了表彰华工在巴西培植中国名茶的功绩而修建的，现在凉亭已经成为中巴两国人民友谊的象征。

非洲的奇迹——拉利贝拉石凿教堂

在 埃塞俄比亚,拉利贝拉的 11 座用整块的红色火山石雕凿而成的石凿教堂最负盛名,它们外观造型惊人,内部装修独特。拉利贝拉岩石教堂是公元 12 ~ 13 世纪基督教文明在埃塞俄比亚繁荣发展的非凡产物。

教堂的历史

公元 12 世纪末至 13 世纪初,统治罗哈一带的拉利贝拉国王控制着今埃塞俄比亚北部和周围的广大地区。依仗强大的国力,这位笃信基督教的国王集中 5 000 名工匠,花了 30 年时间,凿成这批教堂,并且以国王拉利贝拉的名字命名。

知 识 小 笔 记

地方小档案

位 置:非洲

国 家:埃塞俄比亚

特 色:开凿在地下的教堂

俯视的教堂

人们通常是仰视教堂,而在拉利贝拉教堂则变成了俯视。这些教堂坐落在岩石的巨大深坑中,教堂顶端几乎没有高出地平面。每个教堂都由围墙围绕着,游客在里面可沿着在石灰岩上开凿的小径和隧道网四处漫游。

> 拉利贝拉教堂都是由整块岩石雕刻凿成,所以它的布局比例,风格各有特色。

救世主教堂

11座整岩教堂中最具特色的是救世主教堂。它是埃塞俄比亚唯一一个有5个中殿的教堂，其中3个中殿分别面向东、北和南面，这是按长方形廊柱大厅式基督教堂所修建。教堂呈东西向，隔成八间，支撑半圆形拱顶的支柱成行排列其间。

➤拉利贝拉教堂都是一个由某种围墙围绕着的有机整体，游客在里面可沿着在石灰华上开凿的小径和隧道网四处漫游。

↖ 玛利亚教堂

玛利亚教堂

玛利亚教堂的内部建筑精美，天花板和拱门用红黄绿色几何图案从上到下覆盖，如希腊十字、星形和圆花饰。壁画题材有动物，如鸽子、凤凰、孔雀、大象以及圣母玛利亚的生活场景。而主门上是两个骑手杀死一条龙的浅浮雕，是埃塞俄比亚少见的珍贵雕塑。

➤当年拉里贝拉国王动用如此大的人力物力，造就如此奇迹，固然是出于对宗教的虔诚，但也是天时、地利使然，既为形势所迫，也充分利用了地理环境。

浩瀚工程

    在人类的发展历程中，一座座拔地而起的浩荡工程是人类与大自然抗争的见证，是人类智慧与勇气的象征。它们或者映射了一场场波澜壮阔的战争，或者彰显了一代帝王的千秋伟业，或者诉说着一段动人的故事……而有些工程的诞生更是加速了人类文明的进程。

东方巨龙——长城

在 上下两千年的漫长历史岁月，长城有如一条土石身躯的巨龙在中华大地腾起，在地球上留下了蔚为壮观的人工建筑遗存。在长城身上所蕴藏了中华民族 2000 多年光辉灿烂的文化艺术，积淀和凝聚了丰富而深刻的思想内涵，熔铸了中华民族的伟大民族精神。

地理位置

长城位于中国的北部，它东起辽宁虎山，西至内陆地区甘肃省的嘉峪关。横贯辽宁、河北、天津、北京、内蒙古、山西、陕西、宁夏、甘肃等 9 个省、市、自治区，全长 8 851.8 千米，故有"万里长城"之誉。

▲ 嘉峪关和长城

长城的历史

春秋战国时代，中国北方的匈奴经常骚扰南部周边的几个诸侯国。战国七雄中的秦、赵、燕为了防御，都在自己的边界修筑了长长的城墙。后来秦始皇统一六国，他把原有的三段城墙连接了起来，形成了长城最早的雏形。人们习惯性地称其为"秦长城"。

明长城

　　秦朝以后的历代王朝都对长城进行了或大或小的修建，明朝是中国历史上最后一个修筑长城的朝代，也是长城防御工程技术发展达到登峰造极的时代。我们现在所见的长城主要是明朝建筑。

完整的军事防御工程

　　绵延万里的长城并不只是一道单独的城墙，而是由城墙、敌楼、关城、墩堡、营城、卫所、镇城烽火台等多种防御工事所组成的一个完整的防御工程体系，堪称古代建筑史的奇观。

　　◄ 长城的修建伴随着多少古代人民的血汗与艰辛，又有多少鲜活的生命埋葬在这巍峨的城墙之下。

八达岭长城

　　八达岭长城是万里长城最杰出的代表，在这里，长城如巨龙一般在崇山峻岭之间沿山脊蜿蜒曲折，烽火台和敌楼密布。长城的墙高 7.8 米，城顶宽 7.8 米。人们可以在此处登城领略长城的雄伟和工程的浩大、艰巨。

知识小笔记

地方小档案

位　置：亚洲
国　家：中国
特　色：建造时间长，工程量浩大

伟大的水利工程——都江堰

在成都平原西部的岷江上，有一座举世闻名的水利工程，它就是都江堰。迄今为止，都江堰是全世界年代最久、唯一留存、以无坝引水为特征的宏大水利工程，被誉为世界水利史上的璀璨明珠。

修建历史

秦昭王时期，岷江是一条经常泛滥肆虐的河流。秦昭襄王五十一年（公元前 256 年），秦国蜀郡太守李冰和他的儿子，吸取前人的治水经验，率领当地人民，主持修建了都江堰。

➤ 李冰是战国时代著名的水利工程专家，他和儿子主持设计并建造了成都北部的都江堰，为成都平原成为天府之国奠定了非常重要的基础。

创造性的举措

为了修筑都江堰，李冰父子采取了许多创造性的举措。当时中国还没有发明火药，为了凿穿玉垒山引水，他们用火烧石头的方法使岩石爆裂，大大加快了工程的进度，最后在玉垒山凿出了一个宽 20 米、高 40 米、长 80 米的山口，即"宝瓶口"。

成就"天府之国"

都江堰水利工程由创建时的鱼嘴分水堤、飞沙堰溢洪道、宝瓶口引水口三大主体工程和百丈堤、人字堤等附属工程构成，科学地解决了江水自动分流、自动排沙、控制进水流量等问题，消除了水患，使川西平原成为"天府之国"。两千多年来，一直发挥着防洪灌溉作用。

二王庙

都江堰的修筑，是一项彪炳史册的伟大功绩。2 000多年来，都江堰为天府之国带来的福泽一直为世人所崇敬、感激，人们在都江堰渠首东岸修建了二王庙，用以纪念李冰父子。二王庙从古至今一直香火鼎盛，每年民间都会举行祭典活动缅怀李冰父子的丰功伟绩。

都江堰是全世界迄今为止、年代最久、唯一留存、以无坝引水为特征的宏大水利工程。

知识小笔记

地方小档案

位 置：亚洲
国 家：中国
特 色：历史悠久，灌溉范围广阔

安澜索桥

都江堰风景区有一著名的景点叫安澜索桥，也叫做"夫妻桥"，它位于都江堰鱼嘴堤之上，被誉为"中国古代五大桥梁"之一。据考证，安澜索桥始建于宋代以前，最初的材料主要是竹索。明末（公元17世纪）毁于战火。现在的桥为钢索混凝土桩。

第一个皇帝陵园——秦始皇陵

秦 王朝是中国历史上辉煌的一页,秦始皇陵更集中了秦代文明的最高成就。秦始皇陵是中国历史上第一座帝王陵园,是我国劳动人民勤奋和聪明才智的结晶,也是一座历史文化宝库。它也是可以与古埃及金字塔和古希腊雕塑相媲美的世界人类文化的宝贵财产。

秦陵的历史

秦始皇是中国历史上一位杰出的政治家,13 岁时即立为秦王,即位之时起就开始修陵园,到公元前 208 年完工,历时 39 年。今天,秦始皇陵位于陕西省西安市以东 30 千米的临潼区境内。

陵墓的规模

秦始皇的陵墓规模宏大,气势雄伟。陵园分内城和外城两部分。内城呈方形,周长 3 000 米左右,外城呈矩形,周长 6 200 余米。内、外城之间有葬马坑、珍禽异兽坑、陶桶坑;陵外有马厩坑、人殉坑、刑徒坑、修陵人员墓葬 400 多个。陵墓地宫中心是安放秦始皇棺椁的地方。

知识小笔记

地方小档案

位　　置:亚洲
国　　家:中国
特　　色:巨大的规模、丰富的陪葬物居中国历代帝王陵之首

◀ 兵马俑

地宫内部

据《史记》记载，秦陵的地宫挖得相当深，曾穿透了三层地下水泉，并用铜浇铸以防渗水，还在地下模拟秦王朝 36 郡地貌，宫顶上刻画天文星宿之像，旁边堆满奇珍异宝，而且将水银注入可以活动的装置内，以表现江河横流、大海涌动的形象，用鱼油膏制成的蜡烛长明不灭。

藏有暗器

秦始皇那巨大的棺材全用铜装饰。地宫中还设有文武百官的位次。因为怕有人盗墓，秦始皇还命令匠师设计安装了机关，如果有人胆敢接近，便会自动发射暗箭，致人于死地。

◤ 在秦始皇陵附近出土的铜车马，结构完整，装饰物齐全。

兵马俑的发现

20 世纪 70 年代，在秦始皇陵东侧 1.5 千米处，当地农民在打井时偶然挖出一个陶制武士头。后经国家有关组织的发掘，终于发现了使全世界都为之震惊的秦始皇陵兵马俑。

◤ 秦始皇兵马俑

气势磅礴的陵寝建筑群——明十三陵

明十三陵记载着明朝的大部分历史，它作为中国古代帝陵的杰出代表，展示了中国传统文化的丰富内涵。明十三陵不仅是中国皇家陵墓建筑中的典范，还是中国古老历史的最好见证，它形象生动地描绘了明陵建筑与自然景观的有机结合。

地理位置

明十三陵坐落在北京西北郊昌平区境内的燕山山麓的天寿山。十三陵的陵墓有明朝 16 位皇帝中的 13 位，还埋葬了 23 位皇后以及数十名殉葬的皇妃。

知识·小·笔记

地方小档案

位　置：亚洲
国　家：中国
特　色：陵墓依山傍水，布局庄重和谐

建造历史

明十三陵的第一个陵墓长陵建于 1409 年，距今已有 600 年的历史，最后建造的思陵距今也有 350 多年的历史，也从一个侧面记录了明王朝盛衰兴亡的历史，更记录了明朝文化、历史、科技的发展状况。

从碑亭北的两根六角形的石柱起，至龙凤门止的千米神道两旁，整齐地排列着 24 只石兽和 12 个石人，造型生动，雕刻精细。

陵园的规模

明十三陵陵区面积约 40 平方千米，东、西、北三面环山，依山势建围墙。正门大红门开在南端，在各山口、水口处建关城和水门。大红门门北为总神道，直达长陵。陵园形制各陵自成陵园，规模大小不一，形制大致相同。陵园各建在山前，都有围墙，门前竖有无字石碑。

▲ 祾恩殿

特色

明十三陵，既是一个统一的整体，各陵又自成一个独立的单位，陵墓规格大同小异。每座陵墓分别建于一座山前。在中国传统风水学说的指导下，明十三陵从选址到规划设计，都十分注重陵寝建筑与大自然山川、水流和植被的和谐统一，用以体现"天人合一"的哲学观点。

考古发掘

在各陵中，仅定陵于 1956 年进行了考古发掘，其他陵寝墓室建筑均保存完整。各陵陵前的神道，主神道的石牌坊、大红门、神功圣德碑亭、石像生、龙凤门等主要建筑都保持原来的风貌。

▼ 太和殿

完美的艺术珍品——泰姬陵

泰姬陵是印度莫卧儿王朝第五代君主沙·贾汗为爱妻泰姬修筑的陵墓,其建筑集中了印度、中东及波斯的艺术特点,整座建筑体形雄浑高雅,轮廓简洁明丽,堪称世界上完美艺术的典范,也是世界上最优美的伊斯兰式建筑。

建筑结构

泰姬陵在今印度距新德里 200 多千米外的阿格拉城内,背依亚穆纳河,整座陵园长 576 米、宽 293 米,占地 17 万平方米,由前庭、正门、莫卧儿花园、陵墓主体以及两座清真寺所组成,四周是红砂石墙。

↑泰姬陵是印度古代文明和绚丽文化的缩影

月色下的泰姬陵

据称,泰姬陵最美丽的时候是朗月当空的夜晚。白色的大理石陵寝,在月光映照下会发出淡淡的紫色,此时的泰姬陵显得格外高雅别致和皎洁迷人,犹如美人泰姬在含情沉思。

清真寺

在主体建筑两旁各有一座清真寺，以红砂岩建造而成，顶部是典型的白色圆顶，而兴建这两座清真寺的主要目的是为了维持整座泰姬陵建筑的平衡效果，以达到对称之美。

莫卧儿式花园

莫卧儿式花园是一个典型的波斯式花园，位于主体前方，中央有一条清澄水道，水道两旁种植有果树和柏树，分别象征生命和死亡。这些树木把花园划分成4个同样大小的长方形，因为"4"字在伊斯兰教中有着神圣与平和的意思。

➤泰姬陵的主体建筑呈八角形，中央是半球形的圆顶，主体都以沙·贾汗最喜欢的白色大理石所建，并且大理石上镶满了翡翠、水晶、玛瑙、红绿宝石等，它们拼缀成美丽的花纹与图案。

知 识 小 笔 记

地方小档案

位　置:亚洲
国　家:印度
特　色:全部用纯白色大理石建筑,用玻璃、玛瑙镶嵌

第一个花园式陵墓——胡马雍陵

胡马雍陵是印度现存最早的莫卧儿式建筑，也是伊斯兰教与印度教建筑风格的典型结合。整个建筑庄严宏伟，为印度乃至世界建筑史上的精品。陵园内景色优美，棕榈、丝柏纵横成行，芳草如茵，喷泉四溅，实际上是一个布局讲究的大花园。

地理位置

胡马雍陵位于印度首都新德里的东南郊，是莫卧儿王朝第二代皇帝胡马雍的陵墓。该陵墓建于 1556 年，1569 年初建成。整个陵园坐北朝南，平面呈长方形，四周环绕着长约 2 千米的红砂石围墙。

胡马雍陵是大莫卧尔帝国创始人巴布尔大帝之子胡马雍及其皇妃的陵墓

陵墓的结构

陵园正中是其主体建筑——高约 24 米的正方形陵墓，它耸立在 47.5 立方米的高大石台上。陵墓四周有 4 座大门，门楣上方呈圆弧形，线条柔和；四壁是分上下两层排列整齐的小拱门；陵墓顶部中央有优雅的半球形白色大理石圆顶。

陵寝内部

胡马雍和皇后的石棺安放在寝宫正中，两侧宫室放着莫卧儿王朝 5 个帝王的石棺。从红砂石精细的镂花、花园式的内景到四周墙壁上的拱型大门，这一切构成典型的莫卧儿风格。

里程碑式的建筑

印度的建筑在莫卧儿帝国时期达到了登峰造极的程度，胡马雍的陵墓是阿克巴时代莫卧儿建筑风格发展中一个突出的里程碑。它巧妙地融合了伊斯兰建筑和印度教建筑的风格，开创了伊斯兰建筑史上的一代新风。

胡马雍陵可与泰姬陵相媲美，其整个建筑群规模宏大，布局完整。

影响

据说，泰姬陵就是仿照胡马雍陵建造的。不管这种说法是否属实，人们确实可以从这两处建筑看出相似的风格，也能够体会到两者的师承关系。

知识小笔记

地方小档案

位　置：亚洲
国　家：印度
特　色：伊斯兰教建筑的简朴和印度教建筑的繁华的巧妙融合

雄心勃勃的防线——哈德良长城

哈德良长城象征着古罗马帝国曾经的辉煌，也是罗马人在英国修建的具有重要意义的纪念碑。它所穿过的地区既有贫瘠的荒地，也有英国最美丽的风景区，即便按典型的罗马帝国宏伟标准来衡量，它仍是一项惊人的雄心勃勃的建筑工程。

地理位置

哈德良长城位于英国东北部，它建造于公元 122 年，由古罗马皇帝哈德良下令修建，作为罗马帝国北部疆界。长城全长约 120 千米，几乎朝向正西方，从泰恩河畔沃尔森德到索尔威湾，途径英国北部两个重要城市——纽卡斯尔和卡莱尔。

城墙

城墙高约 4.6 米、底宽 3 米，用约 75 万立方米的石头砌成，上面筑有堡垒、瞭望塔等。这些防范用的堡垒个个好像铁桶，除了用来监视敌情用的瞭望口外，其他部分都密不透风。

哈德良长城城墙

🗼 壕沟

城墙的南北两侧挖有壕沟，约 3 米深、9 米宽。南壕沟离城墙较远，两侧各有一道高土屯，高土屯与城墙之间有一条军用道路。北壕沟离城墙较近，两侧无高土屯。

> ▶面对这些仅存的遗迹，我们不仅会回想起罗马帝国那曾经的荣耀，也会不由地感叹岁月的变迁。

知识小笔记

地方小档案

位 置：欧洲
国 家：英国
特 色：横贯不列颠北部，规模宏伟

🗼 里堡

长城每隔约 1400 米建有一座里堡，每座里堡大概能容纳 60 人。在两座里堡之间有两座塔楼作为哨所，如果有敌情，守卫者能很快地以火光为信号，并沿长城传递，就如同中国长城的烽火那样。

> ▶随着时间的推移和人为的破坏，今天的哈德良长城留给我们的只是一段段残缺不全的墙基。

古罗马建筑的杰作——加尔桥

建筑水槽是罗马时代城市建设的特点之一。至今保存完好的加尔桥是罗马水道桥中规模最大的一座，它无论在形式上还是结构上，都充分体现了罗马帝国建筑的辉煌气势和精湛的工艺技能，被人们誉为建筑上的"最崇高的乐章"。

地理位置

加尔桥位于法国南方加尔省的普罗旺斯地区，它原是古罗马帝国时期修建的高空引水渡槽。加尔桥是从法国南方尤塞斯镇到尼姆市 50 千米引水渠的重要组成部分和标志性建筑。

桥的结构

加尔桥高 49 米，长 274 米，有上中下三层叠拱，下层 6 孔，最大 1 孔跨于河上，这一层供行人、马车通行，后来改造为公路；中层一共有 11 个拱门，上层为输水的渡槽，排有 35 小拱。

已被列为世界文化遗产的加尔桥，通体看来，造型优美，气魄宏伟，且结构相当合理，极富使用价值。

桥的特点

为了抵御洪水，加尔桥的桥身呈轻度曲线，并在桥墩底部建有分水角，以减轻洪水对桥的冲击。为了保障水能够自然地流向城市，加尔桥高架水渠略呈倾斜，据说它从远处的水源地尤赛斯到尼姆城出水口约有 17 米落差，日供水量可达 2 万立方米。

知 识 小 笔 记

地方小档案

位　置：欧洲
国　家：法国
特　色：集观赏性与实用性为一体的水利工程

千年以前的古罗马人能够奉献给世人如此壮观的人工奇迹，着实令人叹为观止。

桥的历史

加尔桥建于公元 1 世纪，建成与使用有近 500 年的时间。到公元 4 世纪左右，罗马帝国衰亡，水渠因水垢而被堵塞，逐渐废弃而不再使用。后来，人们加宽了底层，成为可以行车的名符其实的桥，被人们世代保护下来。

桥梁建筑的典范

令人惊奇的是，这座历经 2 000 年洪水、战乱和社会变迁的桥梁至今依然保存完好，1958 年千年一遇的洪水水位曾达到桥渠的第二层，造成 35 人死亡，而该桥却安然无恙，不能不令人惊叹古罗马建筑师们的鬼斧神工。

希腊的"黄金水道"——科林斯运河

希腊的伯罗奔尼撒半岛是古希腊文明的重要发源地之一,在希腊历史文化发展中有着重要的地位。被誉为希腊"黄金水道"的科林斯运河虽然是在近代开凿的,但它的雏形却早在古罗马时期就已经出现了。

运河概述

科林斯运河长 6.3 千米,上宽仅 26 米,下底宽 21.8 米,水深 8 米,横穿科林斯地峡。它将伯罗奔尼撒半岛与希腊大陆分割开来,使得伯罗奔尼撒半岛实际上成为了一个岛屿。

缩短航程

科林斯运河将爱琴海和伊奥尼亚海连接起来,使航船不用绕行伯罗奔尼撒半岛,航程缩短了 300 千米。运河上方有公路、铁路两用桥,连接科林斯湾和撒罗尼加湾,是伯罗奔尼撒半岛通往欧洲大陆必经的要道。

▲ 随着历史的变迁,今天的科林斯运河已经丧失了其建造时的意义。运河上方有公路、铁路两用桥。

运河的历史

连通爱琴海和伊奥尼亚海的想法源于古代，但直到公元 67 年，罗马皇帝尼禄统治期间，运河才开始挖掘。由于帝国的其他地区发生动乱，工程于公元 68 年停工。直到 19 世纪末，一家法国公司开始修建运河，1893 年，希腊政府完成了修建运河的工程。

开凿最深的运河

科林斯地峡在地质上是一座岩石丘陵，离海平面的高度有 84 米，因此，科林斯运河是世界上开凿最深的运河，并且是极少数在坚硬石区开凿出来的运河之一。

◄ 科林斯运河深深的、笔直的岩壁。

狭窄的水道

从远处看，科林斯运河像一条狭窄细长的水道，但当船只逐渐靠近并进入运河以后，它的规模才显现出来。然而，对于容纳现代航运中的超级油轮和集装箱船而言，科林斯运河还是太小了。

知识小笔记

地方小档案

位 置：欧洲
国 家：希腊
特 色：世界上开凿最深的运河

古埃及文明的杰作——埃及金字塔

埃及是世界四大文明古国之一，金字塔是古埃及文明的代表作，作为古埃及的最高统治者法老的陵墓，它经受住了千年岁月的考验，至今依然屹立在沙漠之中。现在，埃及境内已发现138座金字塔，其中规模最大的是被喻为"世界古代七大奇迹"之一的胡夫金字塔。

古老的金字塔

金字塔是古埃及法老和王后的陵墓，这种陵墓是用巨大石块修砌成的方锥形建筑，因形似汉字"金"字，故译作"金字塔"。在埃及境内发现的所有金字塔中，吉萨高地的祖孙三代金字塔——胡夫金字塔、海夫拉金字塔和门卡乌拉金字塔是最古老的金字塔。

胡夫金字塔

胡夫金字塔建于埃及第四王朝第二位法老胡夫统治时期（约公元前2670年），金字塔的4个斜面正对东、南、西、北四方，高度相当于一座40层的摩天大楼，塔底面呈正方形，占地5.29万平方米。

↑ 胡夫金字塔是埃及现存的金字塔中最大的金字塔，被喻为"世界古代七大奇迹"之一。

最伟大的石头建筑

胡夫金字塔的塔身由大小不一的 230 万块巨石组成，每块重量在 1.5 ~ 160 吨，石块间合缝严密，不用任何黏合物。据说，修建胡夫金字塔动用了 10 万人，花费 30 年的时间。

海夫拉金字塔狮身人面像的面部参照哈佛拉，身体为狮子，整个雕象除狮爪外，全部由一块天然岩石雕成。

金字塔的数字之谜

胡夫金字塔的底面周长 230.36 米，为 362.31 库比特（古埃及一种度量单位），这个数字与一年中的天数相近。原有高度 146.7 米（现已塌落至 136.5 米）乘以 10 亿，约等于地球到太阳之间的距离。金字塔 4 个底边长之和除以高度的 2 倍，即为 3.14——圆周率。

狮身人面像

海夫拉金字塔旁还雄踞一尊巨大的石雕——狮身人面像，高 21 米，长 73.5 米，光耳朵就有 2 米长。除了前伸达 15 米的狮爪是用大石块镶砌外，整座雕像是在一块含有贝壳之类杂质的巨石上雕成。

知识小笔记

地方小档案

位　置：非洲
国　家：埃及
特　色：数量众多，建筑宏伟

东方伟大的航道——苏伊士运河

苏伊士运河是世界上极为重要的一条国际航道，它连接红海与地中海，使大西洋、地中海与印度洋联结起来，大大缩短了从印度洋进入地中海的航程。苏伊士运河还是亚洲与非洲的分界线，扼守欧亚非三大洲的交通要冲，一直成为一处战略要地。

运河的历史

早在 4 000 多年前，古埃及的一位法老就曾经在尼罗河支流上开凿过一条运河。但到了公元 8 世纪，埃及出于军事上的考虑，法老运河又被堵塞了。17 世纪时，法国人莱布尼兹首次提出开凿苏伊士运河的计划，直到 19 世纪，这一计划才变成了现实。

运河的开凿

1859 年 4 月 25 日，在所谓"国际苏伊士运河公司"的主持下，运河于北端的塞得港破土动工，1869 年 8 月竣工，同年的 11 月 17 日通航。

苏伊士运河是浩瀚沙漠中的一项震惊世界的伟大工程

收回运河主权

苏伊士运河完工后，一直被英法两国共管，埃及没有丝毫的管辖权力。这种局面持续了一百年。1956 年，埃及总统纳赛尔下令收回运河主权，苏伊士运河才归埃及人民所有。

东方伟大的航道

苏伊士运河建成后，大大缩短了从亚洲各港口到欧洲去的航程。例如，从广州到法国马赛经过苏伊士运河比绕道好望角航程可缩短 9 197 千米。100 多年前，马克思就把苏伊士运河称之为"东方伟大的航道"。

苏伊士运河位于埃及西奈半岛西侧，横跨苏伊士地峡，处于地中海侧的塞德港和红海苏伊士湾侧的苏伊士两座城市之间。

血泪斑斑的运河

苏伊士运河是埃及人民用勤劳的双手为人类做出的伟大贡献，运河的历史是血泪斑斑的。据统计，苏伊士运河从挖掘开始到最后竣工，全部费用超过 1 800 万埃磅，成千上万的劳工为它献出了宝贵的生命。

知识小笔记

地方小档案

位 置：非洲
国 家：埃及
特 色：世界上最长的无船闸运河

旧金山的标志——金门大桥

> **金**门大桥是一座巨型悬索桥，为旧金山的地标性建筑，它横跨于弗朗西斯科海湾的入海口，把旧金山城与北加利福尼亚连接起来。许多人都认为金门大桥是世界上最美的桥之一，也是最壮观的景色之一。

修建大桥

金门大桥于 1933 年动工，1937 年 5 月竣工，用了 4 年时间和 10 万多吨钢材，耗资达 3 550 万美元。金门大桥的设计者是工程师史特劳斯，人们把他的铜像安放在桥畔，用以纪念他对美国做出的贡献。

第一座悬索桥

金门大桥的桥墩跨距长 1 280.2 米，是世界上第一座跨距超过 1 000 米的悬索桥，宽度 27.5 米，双向共 6 个车道。金门大桥拥有世界第四高的桥塔，高达 227.4 米，全桥总长度是 2 737.4 米。大桥可抵抗 12 级狂风的袭击，桥面中部左右摆动幅度可达 8 米。

每当大雾笼罩时，大桥仿佛漂浮在半空中一般，令人觉得惊心动魄却又美不胜收。

不能停止的工作

金门大桥整座桥为橙红色，在大桥的维护工作中，给桥身不断涂刷油漆是其中一项内容，有趣的是，拥有 38 位员工的油漆队，完全涂刷一遍需要 365 天，所以涂刷工作一年到头均持续进行中。

桥梁建筑学上的创举

金门大桥只有两大支柱，因此整座大桥不是利用桥墩支撑桥身，而是利用桥两侧钢塔拉出的弧形吊带所产生的巨大拉力把沉重的桥身高高吊起。从海面到桥中心部的高度约 60 米，又宽又高，所以即使涨潮时，大型船只也能畅通无阻。

▲ 大桥新颖的结构和超凡脱俗的外观，它被国际桥梁工程界广泛认为是美的典范。

最上镜的大桥

金门大桥由于其新颖的结构和超凡脱俗的外观，被国际桥梁工程界广泛认为是美的典范，更被美国建筑工程师协会评为现代的世界奇迹之一。它也是世界上最上镜的大桥之一。

知识小笔记

地方小档案

位　置：北美洲
国　家：美国
特　色：新颖的结构，超凡脱俗的外观

▲ 整个大桥造型宏伟壮观、朴素无华。桥身呈朱红色，横卧于碧海白浪之上，华灯初放，如巨龙凌空。

世界水桥——巴拿马运河

打开拉丁美洲地图，辽阔的北美洲和南美洲被一条狭长的陆地——巴拿马地峡连接着。巴拿马运河便是它们的维系点，这条水道也将大西洋和太平洋连接在一起，因此人们称它为"世界水桥"。

运河概况

巴拿马运河位于巴拿马共和国的中部，它全长 81.3 千米，水深 13~15 米，河宽 150~304 米。整个运河的水位高出两大洋 26 米，设有 6 座船闸，其中的 3 组船闸可将船位升高 26 米，经过 8~10 小时的航行后，再由另 3 组船闸把船降至海平面。

运河的历史

16 世纪时，西班牙国王企图在巴拿马地峡最窄的地段开凿一条河道，但最终只用鹅卵石铺出了一条供穿越地峡的驿道。后来，法国人着手开凿运河，但还是白白花费了 20 年的时间和 3 亿美元的巨资，只挖掘了不到计划长度的 1/4 就被迫停工。

巴拿马运河犹如一本厚厚的历史书，它承载着人类奋斗不息、坚忍不拔的精神，寄托着一个民族的希望。

美国的开凿

　　1903 年美国和巴拿马签订《美巴条约》，以一次支付 1 000 万美元和每年交付"租金"25 万美元为代价，取得单独开凿运河的权利和对运河两岸宽 16.1 千米的运河区的永久租让权。运河于 1904 年开始动工，1914 年 8 月建成，次年正式通航，1920 年开始向国际开放。

知识小笔记

地方小档案

位　置：北美洲
国　家：巴拿马
特　色：船闸式运河

▲ 散船行驶在巴拿马运河上

经济意义

　　巴拿马运河的建成使美国东西海岸间的航程比绕道南美洲合恩角缩短 1.3 万千米，从欧洲到亚洲东部或澳大利亚缩短 3 200 千米。每年通过运河的船只达 1.5 万艘，总吨位达 1.5 亿吨以上，其货运量占世界海上货运量的 5%。

回到祖国怀抱

　　1977 年 9 月，美国与巴拿马签订新的《巴拿马运河条约》和《关于巴拿马运河永久中立和经营的条约》。根据条约，从 1999 年 12 月 31 日起，巴拿马全部收回运河的管理和防务权，美军全部撤出。

皇家宫殿

　　气势恢宏、富丽堂皇的皇家宫殿是人类建筑中瑰丽的奇葩，故宫、冬宫、白金汉宫、凡尔赛宫……一座座昔日帝王的皇宫承载了一段又一段辉煌的历史，显示了帝王们的崇高地位和其昔日生活的辉煌与奢华，今天，这些人类建筑史上的经典之作仍然散发着璀璨的光芒。

最大的宫殿——故宫

北京故宫作为东方宫殿建筑的代表、世界宫殿建筑的典范，是中国古代劳动人民智慧和文化的结晶。故宫也是世界上最大的宫殿，其整个建筑金碧辉煌，庄严绚丽，体现了我国古代杰出的建筑水平，也浓缩了中华文明的精华。

紫禁城

故宫位于北京市中心，也称"紫禁城"。它始建于1406年，1420年建成，由明成祖朱棣亲自策划营建，动用30万民工，共建了14年。这里曾居住过24位皇帝，是明清两代的皇宫，虽经明、清两代多次重修和扩建，仍然保持原来的布局。

知 识 小 笔 记

地方小档案

位　置：亚洲
国　家：中国
特　色：世界现存最大、最完整的古建筑群

殿宇之海

故宫占地72万平方米，建筑面积15.5万平方米，有殿宇宫室8 707多间，被称为"殿宇之海"。故宫里最吸引人的建筑是三座大殿：太和殿、中和殿和保和殿。

★ 紫禁城

金銮殿

太和殿，俗称"金銮殿"，是皇帝举行大典的地方，有直径达1米的大柱92根，其中6根围绕御座的是沥粉金漆的蟠龙柱。整个大殿装饰得金碧辉煌，庄严绚丽。

➤"金銮殿"初名为"奉天殿"，嘉靖四十一年（1562年）更名为"皇极殿"；"皇极殿"一直沿袭使用到清代第一个皇帝顺治帝，顺治帝二年（1645年）始改称为今名的"太和殿"。

建筑布局

故宫宫殿的建筑布局有外朝、内廷之分。外朝以太和、中和、保和三大殿为中心，是封建皇帝处理政务、举行盛典的地方。内廷以乾清宫、交泰殿、坤宁宫为中心，是封建帝王与后妃的住所。此外还有文华殿、武英殿、御花园等。

➤宫殿是沿着一条南北向的中轴线排列，左右对称，南达永定门，北到鼓楼、钟楼，贯穿整个紫禁城。规划严整，气魄宏伟，极为壮观。

城墙

故宫城墙的周长有3 400米左右，高10米，城墙下宽8.6米，上宽6.66米，城墙四角各有1座玲珑精巧的角楼。此外，还有一条宽52米、长3 800米的护城河。

➤现在，故宫已被辟为故宫博物院，供游人参观。

皇家山水园林的经典——颐和园

颐 和园素以人工建筑与自然山水巧妙结合的造园手法著称于世，是中国园林艺术顶峰时期的代表。颐和园既有北方山川的雄伟宏阔，又有江南水乡的清丽婉约，还蕴含着帝王宫室的富丽堂皇和民间宅居的精巧典雅，成为中国古典园林的又一集大成者。

概述

颐和园地处北京西郊，距京城约 15 千米，旧称"清漪园"。 1886 年开始重建，1888 年改名"颐和园"，耗银 3 000 万两，历时 10 年。颐和园规模宏大，占地面积达 2.93 平方千米，主要由万寿山和昆明湖两部分组成。

知 识 小 笔 记

地方小档案

位　置：亚洲
国　家：中国
特　色：集江南园林之灵秀与北方园林之大气于一身

园林建筑

颐和园中各种形式的宫殿园林建筑 3 000 余间，大致可分为行政、生活、游览三个部分。仁寿殿，曾名勤政殿，是皇帝处理政务的地方。德和园，是清代所建三大戏台最大的一个，供当时宫廷喜庆娱乐之用。

排云殿

排云殿是万寿山前的中心建筑，原是乾隆为他母亲 60 寿辰而建。从远处望去，排云殿与牌楼、排云门、金水桥、二宫门连成了层层升高的一条直线。排云殿这组建筑是颐和园最为壮观的建筑群体。

▼ 昆明湖

昆明湖

万寿山以南，是碧波荡漾的昆明湖，西部是仿杭州苏堤而建的西堤，将湖面分为东西两半，西堤有六座桥梁，以玉带桥最为有名，远远望去，如玉带轻飘。与西堤相接的东堤是一道石造长堤，中段有仿卢沟桥而建的 17 孔桥，望柱上有神态各异的石狮 564 只。

▶ 佛香阁

佛香阁

佛香阁是颐和园中的主体建筑，建筑在一个高 21 米的方形台基上，是一座八面三层四重檐的建筑；阁高 41 米，阁内有 8 根巨大铁梨木擎天柱，结构复杂，为古典建筑精品。阁内供奉着"接引佛"，供皇室在此烧香。

俄罗斯的政治中心——克里姆林宫

克里姆林宫位于俄罗斯的莫斯科市中心，是俄罗斯的标志之一。它那高大坚固的围墙和钟楼、金顶的教堂、古老的楼阁和宫殿，耸立在莫斯科河畔的博罗维茨基山岗上，构成了一组无比美丽而雄伟的艺术建筑群。

权力的中心

克里姆林宫始建于1156年，后来遭到严重破坏和重建。克里姆林宫一直是统治俄国的多代君王的皇宫，十月革命后是苏联最高权力机关和政府的所在地，今天又是俄罗斯的总统府（议会和政府现已迁出克里姆林宫）。

大克里姆林宫

大克里姆林宫是克里姆林宫中的主要建筑之一。它的外观为仿古典俄罗斯式。宫殿的正中是饰有各种花纹图案的阁楼。宫殿内部呈长方形，楼上有露台环绕的总面积达2万平方米的700间厅室。

▲ 在夜晚灯光的烘托下，美丽的克里姆林宫犹如童话中色彩斑斓的城堡。

格奥尔基耶夫大厅

格奥尔基耶夫大厅是大克里姆林宫中最为著名的殿厅，大厅呈椭圆形，圆顶上挂着 6 个镀金两枝形吊灯，圆顶和四周墙上绘有公元 15~19 世纪俄罗斯军队赢得胜利的各场战役的巨型壁画。如今，这里是政府举行欢迎仪式的传统地点。

克里姆林官的钟表

珍宝馆

克里姆林宫中原有一个大武器库，1720 年，彼得大帝将其改建成博物馆。馆内收藏着许多珍贵文物，有历代沙皇用过的物品、工艺品以及掠夺而来的战利品。这里的皇冠、神像、十字架、盔甲、礼服和餐具无不镶满宝石。

伊凡大帝钟楼

伊凡大帝钟楼高高地矗立在克里姆林宫的建筑群体中，它高 81 米，是古时的信号台和望台。钟楼的左侧有重达 40 吨的大炮，右侧是著名的大钟。这两个庞然大物虽然从未使用过，但却显示出了俄罗斯工匠高超的铸造技术。

知识小笔记

地方小档案

位　　置：亚洲
国　　家：阿拉伯联合酋长国
特　　色：金碧辉煌的真实体现，全世界最豪华的酒店之一

俄罗斯的骄傲——冬宫

著名的冬宫坐落在俄罗斯圣彼得堡的宫殿广场上，它是18世纪中叶俄国巴罗克式建筑的杰出典范，收藏有各种古董和来自世界各地的艺术珍品近300万件，是目前世界上规模最大、藏品最多的博物馆之一。

冬宫的历史

冬宫始建于1754~1762年间，由当时俄罗斯最著名的建筑师拉斯特雷利设计。该宫最早是叶卡捷琳娜二世女皇的私人博物馆。十月革命胜利后，冬宫正式建立国立艾尔米塔什博物馆。

建筑格局

冬宫是一座三层楼房，长约230米，宽140米，高22米，呈封闭式长方形，占地9万平方米，建筑面积超过4.6万平方米。冬宫内有1 500间厅室，117个阶梯，1 786扇门，1 945个窗户。

冬宫广场的气魄和规模令人吃惊，在广场中央树立了一根亚历山大纪念柱，用整块花岗石制成，不用任何支撑，只靠自身重量屹立在基石上，它的顶尖上是手持十字架的天使，天使双脚踩着一条蛇，这是战胜敌人的象征。

丰富的藏品

冬宫内珍玩收藏极其丰富且价值连城。如今，在冬宫宽敞明亮的展厅里，共有各类文物 270 万件，其中绘画约 1.5 万幅，雕塑约 1.2 万件，版画和素描约 62 万幅，出土文物约 60 万件，实用艺术品 26 万件，钱币和纪念章约 100 万枚。

▲ 冬宫展厅里的绘画

最长的艺术走廊

在冬宫，意大利文艺复兴时期的拉斐尔、达·芬奇、米开朗基罗、伦勃朗、梵高、雷诺阿、罗丹，还有中国的张大千、齐白石、徐悲鸿等大师的精品比比皆是。曾有人统计，游人如果对这里的每件藏品都看上一分钟，则需要 8 年时间才能欣赏完整座冬宫的藏品。

▲ 冬宫的艺术长廊

知 识 小 笔 记

地方小档案

位　置：欧洲
国　家：俄罗斯
特　色：既是俄罗斯的政治中心，又是宗教和世俗的文化遗产

亮丽的女王宫——叶卡捷琳娜宫

蓝 白色为主调的叶卡捷琳娜宫，远远望去庄重大方，但内部却装饰得金碧辉煌。这座巴洛克风格的宫殿始建于18世纪俄国的叶卡捷琳娜女皇时代。200多年来，它以金碧辉煌的气势和难以计数的珍宝藏品而闻名于世。

地理位置

叶卡捷琳娜宫又称皇村，它位于俄罗斯圣彼得堡市以南20多千米处，是彼得大帝1708年为妻子叶卡捷琳娜一世建造的，也是其女儿伊丽莎白女皇、叶卡捷琳娜二世、亚历山大一世及尼古拉二世最喜爱的郊外行宫。

知识小笔记

地方小档案

位 置：欧洲
国 家：俄罗斯
特 色：弥漫着女性的柔美与娇媚

宫殿的历史

这座宫殿曾是两层楼高的木制宫殿。1743~1751年间，宫殿进行了重建，将其原本朴实的外貌改建为雄伟宏大，富丽堂皇的豪华皇家宫殿。著名建筑师拉斯特雷利加建了皇宫的教堂和5座颇具特色的洋葱形圆屋顶，墙面上添加了装饰性的雕像。

金色的宫殿

宫内金碧辉煌的大厅一间接一间，金色的墙，金色的圆柱，金色的宫门组成了一条金色的走廊。华贵的地毯，轻柔的丝绸窗缦，典雅的壁画，精美的摆设，把整个宫殿装扮的美轮美奂。

琥珀厅

宫殿内有一间极其奢华的琥珀厅，内部装修采用了大量的琥珀，堪称世界一大奇观，第二次世界大战时期，德军撤退时掠走了所有的琥珀，至今，这些琥珀下落不明。现在人们根据照片等历史资料，又将琥珀屋恢复起来。

◀ 如今的琥珀厅内，镀金的鹦鹉、镀金的烛台、镀金的雕饰、满屋的珠光宝气，让人感到仿佛置身于巨大的珠宝箱内。

皇村中学

1788 年，涅洛夫在皇宫北翼建起一座古典主义风格的四层建筑，由宽大的拱廊与皇宫教堂连为一体，这就是著名的皇村中学，诗人普希金在此度过了难忘的少年时代。

▼ 皇宫花园非常清雅，十字小桥、武器库、中国式的亭台以及花草砌成图案的花园衬托着宏伟的建筑，漫步园中小道，给人以美不胜收之感。

驰名世界的皇宫——白金汉宫

白金汉宫坐落在伦敦泰晤士河畔威斯敏斯特区，它默默地见证了大不列颠王室的兴衰、日不落帝国的沧桑历程。作为英国王权的象征，白金汉宫承载了王室的繁华与辛酸。虽然王室的社会功能在减弱，但王室文化作为旅游项目却吸引了众多的世界游客。

历史渊源

1703年，安妮女王将白金汉宫所在地赏给了白金汉公爵。1762年，乔治三世将公爵宅邸买下，作为王后的宫殿。1825年，乔治四世将其改作王宫，从此，白金汉宫便成了皇室的家。维多利亚女王是第一位真正入住白金汉宫的君主。

知识小笔记

地方小档案

位　置: 欧洲
国　家: 英国
特　色: 英国王室的居所，集办公与居家功能于一身

王宫广场

白金汉宫前面的广场有很多雕像，广场上还有由爱德华七世扩建完成的维多利亚女王纪念堂。一座胜利女神金像站在高高的大理石台上，金光闪闪，仿佛要从天而降。

▼ 维多利亚女王纪念碑位于白金汉宫前。纪念碑的中心是主碑，底部是维多利亚女王的大型汉白玉坐像和正义和真理天使的雕像。顶端是鎏金的胜利女神和两个侍从像。

女王美术馆

王宫南侧为女王的美术馆，馆内有王室收藏的数件艺术珍品，其中包括十几幅珍贵的达·芬奇作品。如《年轻男子的头像》《习作：马》和《肩的解剖结构》等，它们从 1690 年起就由英国王室收藏。

内部陈设

整个白金汉宫共有大大小小 600 个厅室，这些厅里悬挂着光彩夺目的冰晶玻璃和雕花玻璃的大吊灯，镶着金碧辉煌的天花板，墙上装有雕琢精美的花饰，铺的是高级豪华的地毯。

◀ 宫内有典礼厅、音乐厅、宴会厅、画廊等六百余间厅室，宫外有占地辽阔的御花园，花团锦簇。

王室的象征

如今，英国女王和王室成员以及王室工作人员仍旧住在白金汉宫。伊丽莎白二世召见首相和大臣们，接见和宴请外国元首、政府首脑、外交使节、递交国书等都在王宫内举行；重要的外国贵宾来英国访问，也在宫内下榻；女王一年一度的阅兵仪式也在王宫附近的广场举行。

民主政治的象征——威斯敏斯特宫

英国伦敦的威斯敏斯特宫是世界上最庞大的哥特式建筑之一，整座宫殿瑰丽肃穆，充分体现了其浪漫主义建筑风格的丰富情感。现在，威斯敏斯特宫又成为英国民主政治的象征——议会大厦的所在地，它以特有的历史文化价值构成了英国最具代表性的文化景观。

建筑历史

威斯敏斯特宫始建于11世纪英王爱德华一世，从1049至1530年，一直是英国的皇宫，其间不断地被改建扩修，并进行了多次重建。1547年成为英国议会所在地，但习惯上仍称威斯敏斯特宫。

夜晚之下的威斯敏斯特宫

建筑结构

威斯敏斯特宫坐北朝南，宫殿大楼是主体，前后共3排，长达300米，两端和中间由7座横楼相连，使3座大厦形成了一个整体。北面为高达百米的维多利亚塔，石质结构，不怕火烧，因此储存了许多重要档案；塔顶镏金，新哥特式的塔尖直冲云霄，气势非凡。

大本钟

维多利亚塔的东北角有一座高 96 米的方形尖塔钟楼，这里有一口闻名全球的大钟，重 13.5 吨，大钟的监制人为本杰明·荷尔爵士，大本钟由此而得名。若从泰晤士河的船上或对岸观赏，整个大厦气势磅礴，气象万千，堪称英国最具代表的一景。

→ 伦敦的象征——大本钟

▲ 威斯敏斯特官的内部结构

宫殿内部

宫殿共 14 个大厅，约 1 100 个房间，首相和内阁大臣在大厦里都有自己的一套办公室和会客厅。通向上下两院的长廊墙壁上有许多大幅壁画和石雕像，金碧辉煌，栩栩如生。

历史的见证

威斯敏斯特大厅建于 15 世纪初，后来被用作审判头等政治犯的法庭，20 世纪以来还在这里举行国葬典礼，英国前首相丘吉尔的遗体告别仪式就是在这座大厅里举行的。此厅是英国历史的见证者，历经过英国历史上诸多最戏剧化和最重要的时刻。

知识小笔记

地方小档案

位 置：欧洲
国 家：英国
特 色：世界上最大的哥特式建筑

王权的完全象征——凡尔赛宫

举 世闻名的凡尔赛宫位于法国巴黎近郊的凡尔赛镇,以其宏伟的外观,金碧辉煌的内部装修而驰名世界,成为人类艺术宝库中的一颗明珠。凡尔赛宫还是欧洲最宏大、最华丽、最庄严的皇家宫苑,也因此被人们称为"举世无双的宫殿"。

建筑历史

公元 17 世纪初期,法国国王路易十三在凡尔赛镇一带建设庄园,用作狩猎行宫。路易十四继位后,决定在这里建造一座宏伟的宫殿。1661 年,宫殿开始动工,1685 年才竣工,而当时已由路易十五执政。其后,路易十六与皇后也在此居住。

庞大的宫殿

在其全盛时期,宫中居住的王子王孙、贵妇、亲王贵族、主教及其侍从仆人竟达 3 万名之多。在凡尔赛还驻扎有瑞士百人卫队、苏格兰卫队、宫廷警察、6 000 名王家卫队、4 000 名步兵和 4 000 名骑兵。

▽ 凡尔赛宫

镜厅

皇宫里最富丽堂皇的地方要数镜厅。镜厅长 73 米，宽 10 米，高 12.5 米，由 578 块当时欧洲制造的最大的镜子拼成 17 面镜墙。白天，户外的阳光和御花园的景色被引进厅内，镜面反映出园内美景，就如置身在室内花丛中。

知识小笔记

地方小档案

位 置：欧洲
国 家：法国
特 色：气势宏伟，富丽堂皇

室内装饰极其豪华富丽是凡尔赛宫的一大特色。巴泰尔画廊的天花板为半球形穹顶，顶上除了绘画还有精美的浮雕。

历史的见证

镜厅之所以闻名并不单是因其独特的建筑艺术，更是因为它是法国近代历史见证地。19 世纪，普法战争中法国战败，普鲁士国王就在镜厅内宣布成立德意志帝国。20 世纪初，第一次世界大战结束时，在镜厅签订了著名的《凡尔赛和约》。

凡尔赛宫园林

凡尔赛宫园林位于宫殿西侧，占地 67 万平方米。园内道路、树木、水池、亭台、花圃、喷泉等均呈几何图形，有统一的主轴、次轴、对景，构筑整齐划一。园中道路宽敞，绿树成荫，草坪树木都修剪得整整齐齐，喷泉随处可见，雕塑比比皆是。

凡尔赛宫雕像喷泉

森林中的宫殿——枫丹白露宫

枫丹白露宫虽然比不上凡尔赛宫的宏伟，卢浮宫的广袤，但却淡雅大方，给人以静谧温馨的感觉。"枫丹白露"的译名与香榭丽舍大街一样，同为中文翻译史上的神来之笔。枫丹正是秋风瑟瑟，枫叶红艳；而白露就是那耀眼阳光下，晶莹剔透的露珠。

地理位置

枫丹白露宫位于塞纳河左岸的枫丹白露镇，距巴黎约 60 千米。这里风景美丽，气候宜人，周围是面积达 170 平方千米的森林、湖泊和花园。

知识小笔记

地方小档案

位　置：欧洲
国　家：法国
特　色：淡雅大方，静谧温馨

悠久的历史

12 世纪时，法国国王路易六世喜欢狩猎，所以下令在此修建城堡，后经历代君王的改建、扩建、装饰和修缮，使枫丹白露宫成为一座富丽堂皇的行宫。1804 年，拿破仑在此举行了加冕典礼。10 年后，他又被迫在这里签署了退位诏书。

枫丹白露宫

建筑格局

枫丹白露宫现存一座封建古堡主塔、六朝国王修建的王府、5 个院落、4 座具有四个时代特色的花园。白马广场是宫苑的主要入口，它长 152 米，宽 112 米，门前的巨大马蹄形台阶是其建筑的主要特色。

弗朗索瓦一世长廊

细木护壁、石膏浮雕和壁画相结合的装饰艺术，形成了枫丹白露的独特风格。著名的弗朗索瓦一世长廊就是典型的一例。长廊的下半部贴有一圈 2 米高的金黄色细木雕刻做护壁，上半部的浮雕烘托着一幅幅带有文艺复兴风格的精美壁画，使整条长廊显得既辉煌又典雅。

枫丹白露宫，它就相当于"整个"法国的历史，它曾是历代君主狩猎的地方，这里散发着浓浓的田园气息，有属于自己独一无二的颜色与温馨。

中国馆

在枫丹白露宫中还有一座由拿破仑三世的奥日妮皇后主持建造的中国馆，里面陈列着中国明清时期的绘画、金玉首饰、牙雕、玉雕等上千件艺术珍品。在一件硕大的雕绘镶嵌有双龙图案的景泰蓝瓶的足边上，清晰地刻写着"大清乾隆年制"。

枫丹白露宫就像是那秋风瑟瑟，枫叶红艳中晶莹剔透的露珠。

艺术的殿堂——卢浮宫

法国巴黎的卢浮宫是世界上最大、最著名的艺术宝库之一，同时，它也是法国历史上最悠久的王宫。精湛的建筑艺术使卢浮宫成为法国古典主义建筑的里程碑，而其丰富的藏品更是吸引着世界各地的游人。

卢浮宫的历史

卢浮宫建于 12 世纪末，是当时的国王菲利普·奥古斯特为保护巴黎不受诺曼人及英国人入侵所建的城堡。后来法兰西斯一世将之改为宫殿，以后几个世纪王权都集中在此。1793 年，卢浮宫成为博物馆正式对外开放。

知识小笔记

地方小档案

位　置：欧洲
国　家：法国
特　色：藏品众多，极具艺术价值

伟大的建筑杰作

卢浮宫博物馆本身就是一座杰出的艺术建筑。它自东向西横卧在塞纳河的右岸，两侧的长度均为 690 米，整个建筑壮丽雄伟。用来展示珍品的数百个宽敞的大厅富丽堂皇，大厅的四壁及顶部都有精美的壁画及精致浮雕，处处都是呕心沥血的艺术结晶，令人叹为观止。

▲ 夜幕下的卢浮宫

玻璃金字塔

　　20世纪80年代，著名的美籍华裔建筑师贝聿铭为博物馆设计了新的入口处。这是一座21米高的玻璃金字塔，它设计别致、简洁、明快，极富现代感，为卢浮宫博物馆，也为巴黎市增加了新的耀眼光彩。

万宝之宫

　　卢浮宫占地面积45万平方米。馆里藏有雕刻、绘画、珍宝、陶器、铜器、工艺品等38万件，号称"万宝之宫"。博物馆将这些艺术珍品分别在八大展馆中展出，即埃及文物馆，近东文物馆，希腊、伊特鲁里亚和罗马馆，伊斯兰艺术馆，雕塑馆，装饰艺术馆，美术馆以及印刷和素描馆。

"卢浮三宝"

　　如果要仔细欣赏每件作品，即使两星期也看不完。其中最重要的镇宫三宝是世人皆知的：《米洛的维纳斯》、达·芬奇的《蒙娜丽莎》和《萨莫特拉斯的胜利女神》。

▲《蒙娜丽莎》为世界上最名贵的油画

维也纳的皇冠明珠——美泉宫

维也纳作为欧洲中世纪最大的城市之一，至今仍保留着其显赫的地位。而位于城市西南部的美泉宫，更是维也纳众多历史建筑中最引人注目的焦点，整个美泉宫布局气势雄伟，优雅闲适，由此成为维也纳这座历史名城上的一座皇冠。

宫殿的历史

相传，17世纪初，神圣罗马帝国皇帝马蒂亚斯狩猎至此，发现了一个泉眼，饮用过后感到清爽甘冽，遂将此地命名为"美泉"。1696年，利奥波德一世在此修建一座皇帝的游乐宫，后来，奥地利女大公玛丽姬·特蕾西亚下令将此游乐宫改为夏宫，这便是今天的美泉宫。

▲ 美泉宫的最高点凯旋门，是美泉宫花园中一座罗马式观景亭。

建筑格局

美泉宫面积2.6万平方米，外形则是效仿凡尔赛宫的古典式宫殿，也是一座富丽堂皇的巴洛克式建筑。整座建筑分为上下两层，宫殿上层是帝王办公、迎宾和举行盛大活动的地方，下层作为起居和膳宿所用。

知 识 小 笔 记

地方小档案

位　置：欧洲
国　家：奥地利
特　色：气势磅礴的宫殿，巴洛克式花园

宫殿内部

美泉宫内有 1 441 个房间，其中 44 间是纤巧华美的洛可可风格，优雅别致。宫内有哈布斯堡王朝历代帝王宴请欧洲皇室贵族的豪华餐厅和舞厅。宫殿长廊挂满哈布斯堡王朝历代皇帝的肖像和特雷西亚女大公所生 16 个儿女的肖像画。

▲ 美泉宫内部长廊

最古老的动物园

在海神喷泉的西侧，还有全世界最古老的动物园，它落成于 1757 年。1883 年，人们又在动物园旁边建造了一座欧洲最大的温室，种植有热带地区的奇花异草。

宫廷花园

宫殿后面是一座巴洛克式大花园，它占地 2 万平方米。花园两边高大的树木被剪成一面绿墙，绿墙里是 44 座古希腊神话故事中的人物塑像。在花园的尽头，有一座 1780 年修建的美丽的喷泉，名为"海神喷泉"。在海神喷泉的东边是赫赫有名的"美泉"。

▲ 宫廷花园中一片片格局优雅、精雕细琢的花坛和草坪。

伊斯兰艺术之花——阿尔汉布拉宫

风华绝伦的阿尔汉布拉宫，镂刻着格拉纳达无尽的阿拉伯情怀，不仅是古老的中世纪王宫，也隐含着悲壮而精致的摩尔文化。作为西班牙格拉纳达的象征，这座宏伟的宫殿不仅成为伊斯兰艺术开放在西班牙最璀璨的花朵，更是建筑史上的经典之作。

建筑格局

阿尔汉布拉宫由众多的院落组成，建筑在海拔 730 米高的地形险要的山丘上。宫殿的围墙东西长 200 米，南北长 200 米，高达 30 米。围墙内的建筑物有国王厅、姐妹厅、大使厅、桃金娘庭院、狮子庭院等。

风情万种的水景

赋予整个阿尔汉布拉宫灵性的是水。中世纪的古老管道将雪水从内华达雪山引下来，流遍整个阿尔汉布拉宫。因此宫内随处可见水池、喷泉。对水的巧妙运用，使得阿尔汉布拉宫处处浮现出一种妩媚灵动的风格。

▶矩形的反射水池、纤巧的立柱、优雅的拱券以及回廊外墙上精致的传统格状图案，与静谧而清澈的池水交相辉映。

▶从建筑历史而言，阿尔汉布拉宫与中国的阿房宫、铜雀台等诸多建筑一样，都是美学艺术的集大成者。

桃金娘庭院

在阿尔汉布拉宫内众多的庭院中，以桃金娘庭院为最大，也最漂亮，其院中水池倒映出的北廊倒影十分有名。宫中建筑物墙上有华丽的壁画，室内布满色彩绚丽的石膏几何纹饰和阿拉伯文字的图案，这些都是伊斯兰文化的宝贵遗产。

▲ 阿尔汉布拉宫室内的图案

知识小笔记

地方小档案

位　置：欧洲
国　家：西班牙
特　色：格局幽深、起伏多变

狮子庭院

狮子庭院的地面用彩砖铺砌，有白色大理石柱廊，四周墙壁镶以半米高的蓝黄两色相间的彩砖。室内布满色彩鲜艳的几何形纹饰和阿拉伯文字图案。这座宫殿是皇室家族休息的地方，到处充满雕刻。

名曲中的宫殿

公元19世纪的一天的傍晚，西班牙最伟大的吉他演奏家和作曲家塔尔雷加来到了阿尔汉布拉宫，遂创作了不朽名曲《阿尔汉布拉宫的回忆》。该曲为塔尔雷加赢得了近代吉他之父的声誉，阿尔汉布拉宫的名气也随着优美的旋律飘向世界各个角落。

阿尔汉布拉宫具有浓厚的摩尔文化特点，代表了西班牙摩尔艺术的顶峰。

传奇古堡

　　充满神秘色彩的古堡一直是童话世界中最令人向往的地方。英勇的苏格兰人和爱丁堡、著名的"囚徒"邓蒂斯和伊夫堡，美丽的茜茜公主和新天鹅堡……动荡的人类历史、传奇的小说人物、动人的爱情故事在古典而浪漫的城堡中交织成一条迷人的彩带。

日本第一名城——姬路城堡

姬路城堡是日本的历史名城，它不仅仅是一座固若金汤的城堡，更是一座美轮美奂的宫殿。白色的城墙，白漆砌垒的屋顶瓦片，整个建筑宛如一只优雅的白鸟，因此，姬路城也被称为白鹭城，并被指定为国宝。

城堡的历史

姬路城堡始建于1333年。1580年，武将丰臣秀吉在这里建立起一座三层城堡，这座城堡经历了姬路城的昌盛期和接下来的伊多时期，成为繁忙的交通中心。17世纪初，德川幕府的第一位将军德川家康的女婿池田辉政，又重建该城堡并扩大成今日的规模。

庞大的规模

建设姬路城堡用了387吨上好的木材，75 000块砖和瓷瓦，总重达到3 048吨，还有数不清的巨大岩石，每块重量都在1吨以上。扩建从1601年池田辉政入主姬路城堡开始，直到17年后才大致竣工。

知识小笔记

地方小档案

位　置：亚洲
国　家：日本
特　色：风格典雅，结构严密

坚固的要塞

姬路城堡的结构严密，固若金汤。防御工事修筑得非常精巧，从 3 条同心圆护城河开始，城壕环绕高大曲折的石城郭，城郭之间设置几座大门和瞭望塔。城墙和瞭望塔上有射箭、射击的小孔；城堡中内庭的道路，千回百转，好似迷魂阵，从顶楼上却可以看得很清楚。

建筑格局

姬路城堡的整个建筑群分成主、辅两个部分，主楼阁高达 6 层，用白色油漆粉刷的木墙牢固地矗立在岩石基座上。辅塔有四层，顶层与主塔的结构相似，而其他层则少一个双拱分檐，每个楼阁都有披屋和曲线形的屋檐。

姬路城堡规模庞大、建筑精美，再加上作为要塞的功能，堪称日本建筑史上的完美之作。

天守阁

姬路城堡的心脏部分称为天守阁，这是一座建有望塔和射击孔的宏伟城楼。在主城楼大天守阁的四角，紧密依附着四座小天守阁。在它们涂成白色外墙之下，是巨石砌成的墙基。城楼的回廊中每隔一米就树立着一根柱子，显得非常坚固。

爱情的宫殿——拉合尔古堡

巴基斯坦的拉合尔是个古老的城市，至今已有 2 000 多年的历史。拉合尔古堡是沙·贾汗时期莫卧儿王朝灿烂文明的杰出代表，人们踏进这里，不仅能感受到莫卧儿王朝艺术的神韵，更会被沙·贾汗与泰姬那美好的爱情故事所感动。

地理位置

拉合尔是巴基斯坦的第二大城市，它位于巴基斯坦东北部的腊维河畔，也是全国文化艺术的中心。莫卧儿王朝时期，曾作为帝国的副都，建有金碧辉煌的宫殿、寺院、城堡和陵墓等。而拉合尔城堡则位于城市旧区的西北部。

▶拉合尔古堡是一座见证了君王爱情的古堡，在古堡内还有一座至今保存完好的大理石朝觐台。

古堡的历史

公元 1021 年，当时的迦兹纳维王朝在此用泥土筑成一座军事要塞。500 多年后，阿克巴大帝拆除旧城后修建高墙环绕的砖石结构堡垒。后来，历代莫卧儿王朝的皇帝就在原来的基础上，对古堡进行增补修葺，扩建花园、喷泉和宫殿，使古堡成为了一座金碧辉煌的皇家宫苑。

▶拉合尔古堡是一座反映莫卧儿王朝数百年建筑史的建筑物

建筑格局

拉合尔古堡经过修建后，总体呈长方形，东西长 480 米，南北宽 330 米，城内共有 21 座建筑物。城堡正中部位有一座由 40 根圆柱撑起的宫殿，人们称之为"四十柱厅"——这里是皇帝的"办公室"兼"书房"。

镜宫于 1631 年完工，泰姬至死未能住进这座寝宫。

动人的故事

1628 年，沙·贾汗登上皇位。一天夜晚，泰姬在古堡的宫墙上仰望天空，并动情地对沙·贾汗说，她多么希望自己能拥有一座神奇的寝宫，即使躺在床上也能在一睁眼时便看见那满天的星斗。于是，沙·贾汗即刻下令调集全国的能工巧匠修建这样一座寝宫——镜宫。

璀璨的星河

镜宫用上乘的大理石造就，宫殿内侧顶端有一个穹形圆顶，四面墙壁上镶嵌了各色珍贵宝石，穹顶和四壁粘贴着 90 万片红色、蓝色和褐色的玻璃镜片，只要在大殿的中央点起一根蜡烛，各色镜片便可交相辉映出一片浩瀚的星河，其情景气象万千、动人心魄。

拉合尔古堡的内部结构

知识小笔记

地方小档案

位　置：亚洲
国　家：巴基斯坦
特　色：当光线反射，就会有无数的"星星"出现在宫殿的天穹

苏格兰的精神象征——爱丁堡城堡

作为苏格兰的首府，爱丁堡上演了太多英格兰与苏格兰的恩恩怨怨，见证了太多的铁与血的过去。而作为爱丁堡市的象征，爱丁堡城堡在今天依旧是整个城市的焦点建筑，它承载了历史，传递着抗争的精神，最终成为一个民族的象征。

城堡的历史

爱丁堡城堡是 7 世纪由苏格兰国王埃德温为防御敌人而建的堡垒，11 世纪时马尔科姆三世又在里面建了居住的宫殿。1093 年苏格兰的玛格丽特女王逝于此地，爱丁堡城堡自此成为重要的皇家住所和国家行政中心。

→爱丁堡城堡的入口

→爱丁堡城堡是苏格兰王室的钟爱之地

天然的要塞

整个爱丁堡城堡耸立在爱丁堡市的最高点——135 米高的城堡山上，是一处天然的要塞。这种险要地形的形成是由于冰河的东移，冲刷四周坚硬的岩石而形成三面陡峭的悬崖和一个东向的斜坡，因此易守难攻，这个斜坡后来就成为了皇家大道。

第一道防线

城堡中的广场是整个城堡的第一道防线，这里整齐的摆放着数门古代的火炮，黑洞洞的炮口统一的对准了城堡北面的城区。城堡的第二层炮台也是整座城堡的最高点。黑色的大炮按扇形排列在圆形广场的最外围，分别对准了城堡的东北南三个方向。

▶城堡内独特的大炮

兵器收藏

爱丁堡城堡的另一个傲人收藏就是中世纪以来各个时代的兵器和军装，特别是兵器室中陈列的长达 1.5 米的巨剑，更是稀世珍品。这些冰冷的铁器仿佛把人又带回了骑士和剑客的年代。

王宫广场

爱丁堡城堡中央是王宫广场，16 世纪的王宫建筑还耸立在广场的周围。广场东边的宫室是当时国王的起居之处。而包括雕饰得豪华富丽的南侧会议厅在内，除了平时向游人展示外，很多东西现在还可以使用，今天人们还常聚集于此举行各式各样的礼仪性聚会。

知识小笔记

地方小档案

位　置：欧洲
国　家：英国
特　色：建筑在爱丁堡市的最高点上，是一处天然的要塞。

王室爱情的见证——温莎堡

英国规模最大、知名度最高的皇室建筑有两座，一座是庄严的白金汉宫，另一座就是温莎堡了，这座古堡长久以来一直以一种浪漫的爱情色彩吸引了世人的目光。它不仅凝聚了大英帝国近千年的历史，而且直到今日它还仍然是女王伊丽莎白二世的行宫之一。

古堡的历史

温莎堡的历史开始于 11 世纪威廉一世统治时期，当时，威廉一世在此建起了一座要塞。后来的历代国王进行了大规模的改建和维修。1820 年，建筑师怀特维尔将城堡的外观改建为中世纪堡垒的模样。从那以后，温莎堡的外形就再也没有什么太大的改变了。

知识小笔记

地方小档案

位　置：欧洲
国　家：英国
特　色：现在世界上仍然有人居住的最大古堡

城堡的格局

整个温莎城堡可以分为上区、中区和下区。上区主要有 13 世纪法庭、滑铁卢厅和圣乔治厅。其中的滑铁卢厅又称宴会厅，初建于 13 世纪，因室内主要陈列参与滑铁卢战役，击败拿破仑而立下赫赫战功的英国将领们的肖像而得名。

圆塔

中区则以温莎堡中央的高地上的圆塔为主，它最初由木材建造，到了1170年亨利二世以石材重建。1660年以前，圆塔是关押王室政敌的监狱，现在则主要用于保存王室文献和摄影收藏。每当女王来到温莎城堡，这里便会升起英国皇室的旗帜。

↑ 古朴的圆塔是温莎堡最具象征性的建筑之一

礼拜堂

下区主要有圣乔治礼拜堂、艾伯特纪念礼拜堂等建筑。艾伯特纪念礼拜堂紧邻圣乔治礼拜堂，初建于1240年，为晚期垂直样式的哥特式礼拜堂，在1863年改建为艾伯特王子的纪念礼拜堂。

艺术展览室

现在温莎城堡内收藏着英国王室数不清的珍宝，其中不乏达·芬奇、鲁斯本、伦勃朗等大师的作品，还有那些中世纪的家具和装饰品，几乎使每一个房间都成为一座小型的艺术展室。现在城堡中多数的大厅都已对公众开放。

↑ 亨利一世因为统治权力仍不稳固，而且因为他担心自己的安危，所以把温莎城堡当成官邸

英国王权的象征——伦敦塔

伦敦塔堪称英国中世纪的经典城堡，它拥有 900 多年的历史。数百年来，伦敦塔作过堡垒、宫殿，作过监狱、刑场和法院，还作过军械库、文件库、珠宝库和动物园，每一座塔里都装满了大英帝国的辉煌与沧桑。

地理位置

伦敦塔坐落在伦敦城东南角的塔山上，南临泰晤士河。作为一个防卫森严的堡垒和宫殿，英国数代国王都曾在此居住，国王加冕前往伦敦塔则更是成为一种惯例。

➤ 曾经被用作城堡、王宫、监狱的白塔，由乳白色的石块砌成，是城堡中最中心，也是最重要的建筑物。

伦敦塔的历史

伦敦塔名为"塔"，实际上是公元 11 世纪处于罗马统治时期的一座城堡式建筑，按最初的规划，它被建置在旧城墙内，后经扩建，其边界向东延伸，越出旧城墙之外。现在的伦敦塔包括壕沟在内，共占地 0.18 平方千米。

诺曼底塔楼

诺曼底塔楼是整个建筑群的主体，因其是用乳白色石块建成，故又称白塔。塔高 27.4 米，东西长 35.9 米，南北长 32.6 米，用坚硬粗糙的毛石砌成。塔楼为双层墙壁，窗户很小。四角外凸，耸起四座高塔，高塔三方一圆，另外在角落的地方设有螺旋楼梯，通达顶层。

▲ 长久以来，这里一直是进入伦敦塔内的唯一入口。

地方小档案

位　置：欧洲
国　家：英国
特　色：拥有英国不同时期的建筑风格

囚禁之所

伦敦塔有一个持续时间最久，也最广为人知的功能，那就是它过去被当作监狱使用。对于曾经囚禁在塔中的囚犯来说，这里是一个令人毛骨悚然的地方，受尽折磨的囚犯在墙壁上留下了许多痛苦的字迹。

皇家珍宝馆

皇家珍宝馆展出 17 世纪以来英君主镶满宝石的皇冠、权杖、饰物和珍品，其中于 1838 年为维多利亚女王制作的"帝国王冠"，上面镶有三千多颗宝石，是世界闻名的皇族珍品。此外，还有一枝国王的权杖，嵌有一颗被称为"非洲之星"的大钻石，其重达 530 克拉。

马赛的门户——伊夫堡

马赛是法国的历史名城和重要的港口城市，更是一个有着传奇色彩的地方。在马赛众多的名胜古迹中，最出名的应当是位于老港外地中海上的伊夫堡了。这座古堡不仅在法国历史上有着重要的意义，更因为一部名著而成为世界闻名的焦点。

城堡的历史

16 世纪 20 年代为了防御西班牙人侵略，法王弗朗索瓦下令修建了这个堡垒，并安置了大炮。由于地理位置险要，所以每当发生战争，这里就成为兵家必争之地。后来，这座城堡改为国家监狱。1953 年，法国政府颁布法令，批准伊夫堡为国家历史文物保护单位，供人们游览。

军事要塞

伊夫堡所在的小岛是马赛最小的岛屿，总面积不过 2 000 多平方米。岛上杂草丛生，地形险要，而伊夫堡就建在一片悬崖峭壁之上，是座易守难攻的军事要塞。

知识小笔记

地方小档案

位　置：欧洲
国　家：法国
特　色：文学名著中的古堡

建筑格局

伊夫堡是一座长28米的方形建筑，城墙上建有三个开着宽大射击孔的圆柱形塔楼。其中最高的名叫克里斯多夫1号塔，位于城堡西北侧，可从22米的塔顶处俯瞰海面，另外两个塔楼分别位于东北和东南侧，面向马赛城区。

著名的"囚徒"

这里最有名的"囚徒"当属大仲马《基督山伯爵》一书里的主人公邓蒂斯，他遭到陷害被"关押"在此长达14年。最终，他利用秘密地道钻进装尸体的袋子并被抛到海里，才成功越狱。如今的伊夫堡内的囚室还按照故事中的布局刻意挖了一条通道。

伊夫堡不仅是一座令人望而生畏的军事要塞，更是一座蕴含了深厚文化的古堡。

塔楼

每个塔楼内都有一个狭窄的旋转楼梯通向顶端，从顶端的一个小角门走出去，即到了伊夫堡的天台，三个塔楼以宽阔的平台相通。在天台上可以看到小岛的西南角有一处笔直的岩石，那曾是国家监狱的坟场。

美丽的童话城堡——新天鹅堡

在 德国众多的古堡中，新天鹅堡是最与众不同的一座。它坐落在群山环抱之中，矗立在石山高原上，临一面清澈透明的湖水，鸟瞰四周缓缓起伏的树林，幽静的自然景色与新天鹅堡梦境般的外貌相互辉映。

地理位置

新天鹅城堡是座白墙蓝顶的神话城堡，它位于德国的巴伐利亚山区，背靠阿尔卑斯山脉，下临一片广阔的大湖，显得尤为神圣而庄严。

白墙蓝顶的新天鹅城堡掩映在一片浓郁的原始森林中，人们在这里能够寻找回自己儿时所憧憬的梦幻般的童话古堡，而城堡背后的故事却足以令任何一个人为之感动一生。

城堡的历史

新天鹅城堡的建立者是巴伐利亚的一个国王，路德维希二世。这个皇帝无治世之才，却充满艺术气质。他亲自参与设计这座城堡。城堡始建于 1869 年，但国王生前并未看到自己的梦想完工，城堡是后人逐年完成。城堡全部用石头建成，高约 70 米。

天鹅装饰

由于国王对天鹅情有独钟，因此天鹅堡内到处是天鹅装饰：幔帐、壁画、门把手，甚至连水龙头都装饰着优美的天鹅造型，用白色大理石雕刻而成的天鹅更是栩栩如生，城堡似乎就是一只忧郁的天鹅精灵。

生活用水

天鹅堡内的生活用水，是在 200 米高的山谷中，建造蓄水池，储存石缝中流出的清水，利用自然的力量，提供包括顶层在内的城堡全部的用水。例如寝室内设有天鹅形状的送水装置，一转动水龙头便有清水流出。

新天鹅堡被群山和大湖所环绕

顶层音乐厅

城堡最大的房间是顶层音乐厅。从这个豪华大厅的每个窗口，都能看到城堡后壮丽的阿尔卑斯山。直到现在，这里每晚都举行古典音乐会。大厅正下方有个人工岩洞，里面有人造钟乳岩和瀑布。酷爱艺术却怕见生人的路德维希二世常常独自坐在这里"偷听"上面的演奏。

知识小笔记

地方小档案

位　置：欧洲
国　家：德国
特　色：充满梦幻般的浪漫和优雅

都市风标

　　建筑是凝固的音乐，一首用所有的石头和建材筑成的，如雕塑般，如诗歌般，既静态又动感的音乐。人民英雄纪念碑、埃菲尔铁塔、自由女神像、帝国大厦、悉尼歌剧院……一座座不朽的建筑是这首都市音乐中最动听的音符。

英雄的丰碑——人民英雄纪念碑

人民英雄纪念碑位于北京天安门广场的中央,毛主席纪念堂以北。作为国家的象征物,人民英雄纪念碑不仅是一座纪念为国牺牲的人民英雄的丰碑,也是中国近现代光辉革命历史的象征,更代表着中国人民的铮铮铁骨和凛然傲气。

兴建过程

1949 年 9 月 30 日,中国人民政治协商会议第一届全体会议通过决议,为纪念在人民解放战争和民主革命中牺牲的人民英雄,在北京建立纪念碑。后经全国广泛讨论,确定了碑型。1952 年 8 月 1 日起工程正式开工,到 1958 年 4 月落成,同年 5 月 1 日举行了隆重的揭幕典礼。

纪念碑的结构

人民英雄纪念碑呈方形,建筑面积为 3 000 平方米。纪念碑分碑身、须弥座和台座三部分,共高 37.94 米。台座分两层,四周环绕汉白玉栏杆,均有台阶。下层座为海棠形,东西宽 50.44 米,南北长 61.5 米,上层座呈方形。台座上是大小两层须弥座。

知识小笔记

地方小档案

位　置:亚洲
国　家:中国
特　色:肃穆庄严、雄伟壮观,采用巨大的汉白玉浮雕

人民英雄纪念碑表达了全国人民对革命先烈的缅怀,也成为一座爱国主义教育的理想之地。

大型浮雕

下层大须弥座束腰部四面镶嵌着八幅汉白玉大型浮雕，浮雕高2米，总长40.68米，共有约170个人物形象，概括而生动地表现出我国近百年来惊天动地的革命史实。上层小须弥座四周镌刻有以牡丹、荷花、菊花、垂幔等组成的8个花环。

纪念碑浮雕

浮雕内容

8幅汉白玉大型浮雕分别以虎门销烟、金田起义、武昌起义、五四运动、五卅运动、南昌起义、抗日游击战争、渡江战役为主题。在渡江战役的浮雕两侧，另有两幅装饰性浮雕，主题分别为支援前线和欢迎人民解放军。

人民英雄纪念碑是中国有史以来最高大、最宏伟的一座纪念碑。它竖立在空旷开阔的天安门广场上，显得格外地高挺。纪念碑时刻提醒着人们要不畏艰险，奋勇前进。

碑身

两层须弥座承载高大的碑身。碑身是一块长14.7米、宽2.9米、厚1米、重达60多吨的大石。碑身正面（北面）镌刻毛泽东题词"人民英雄永垂不朽"8个鎏金大字；背面是毛泽东起草、周恩来撰写的碑文。

最高的双子楼——马来西亚双子塔

马来西亚国家石油公司的双子塔是首都吉隆坡最高的建筑物，它那独特的双楼结构和连接两栋高楼的天桥，都成为人们眼中的焦点，就像两座高高的尖塔刺破长空。双子塔是目前世界上最高的双子楼，是马来西亚经济蓬勃发展的象征。

国际竞标

双子塔的设计是经由国际性的竞标，最后决定采用著名的建筑设计师西萨·佩里领导的建筑事务所提出的构想。双子塔分别由日本和韩国建造，并于1998年完工，共88层。

→ 位于双子塔第 41 层的空中桥梁，也是连接着两座塔之间仅有的通道。

↘ 双子塔在吉隆坡就像是一个巨大的发光的怪兽，照亮了"整个"马来西亚。

大楼结构

双子塔占地 39.5 万平方米，包括了办公大楼、公共设施以及会议中心等，总高约 452 米。大楼中有一所可容纳 850 个座位的国际会议中心，一个原油探勘信息中心、一座专门收藏石油、石化业及相关产业信息的图书馆，此外还有一所艺术画廊。

知识小笔记

地方小档案

位　置：亚洲
国　家：马来西亚
特　色：独特的伊斯兰风格，世界最高的双子楼

建筑风格

　　整栋大楼的格局采用传统伊斯兰教建筑常见的几何造型，包含了四方形和圆形，外立面采用欧洲进口的闪亮的不锈钢。双子塔的设计风格体现了吉隆坡这座城市年轻、中庸、现代化的城市个性，突出了标志性景观设计的独特性理念。

"天空之桥"

　　在大楼的 41 和 42 楼之间，有"天空之桥"与塔相连，站在这里，可以俯瞰马来西亚最繁华的景象。大楼的底下 5 层是阳光购物广场，经营高档世界名牌产品。

　　↤ 连接双塔的桥梁

公园绿地

　　在双子塔的另一面，保留了 0.2 平方千米的公园绿地。绿地中花木多姿，湖水透迤。湖水的尽头是宽宽的瀑布，瀑布下是儿童戏水乐园。一些家庭在绿茵茵的草地上铺上白布野餐，怡然自得地望着水里的幼童们尽情嬉戏打闹。

　　↤ 马来西亚这个发展中国家靠国际化的手段建起了世界上最高的双子塔楼，它增强了该国人民的自信心，马来西亚人喊出了"马来西亚可以"的民族自强心声。

奢华的天堂——迪拜帆船酒店

以 奢侈和豪华著称的帆船酒店，算是世界上最豪华的酒店之一。整座酒店如同一艘洁白的帆船坐落在一个人工填造的小岛，用一座跨海桥连接，让船帆造型的酒店伸入海中。帆船酒店已经成为了当地的重要标志性景观。

地理位置

帆船酒店位于阿拉伯海湾的阿拉伯联合酋长国迪拜市，它是世界上唯一的七星级酒店外形就像一块迎风飘扬的风帆，堪称建筑杰作。

酒店结构

整座酒店高 321 米，一共有 56 层，曾是全球最高的酒店。酒店有 202 套房，都是复式。房间最小的 170 平方米，每天住宿费为 1 500 美金。每进入一个房间，都有一个管家会为你解释房内各项高科技设施如何使用。

知识小笔记

地方小档案

位　置：亚洲
国　家：阿拉伯联合酋长国
特　色：金碧辉煌的真实体现，全世界最豪华的酒店之一

→美轮美奂的巨型"帆船"

总统套房

总统套房是酒店最大的房间，有780平方米。它设在酒店的第25层，每天住宿费高达2万多美金。其中设有一个电影院、两间卧室、两间起居室和一个餐厅，其出入都有专用电梯，墙上挂的画则全是真迹。

极尽奢华

蔚蓝与金黄是酒店里最常见的两种颜色。蓝是因为酒店四面临海，且房间都配有落地窗，海景随时随地能映入眼帘。黄是黄金的本色，酒店的柱子、墙壁、电梯全是镀金，甚至连门把、洗手间的水龙头，甚至是一张留言条都镀上了黄金，可谓极尽奢华！

▶步入酒店内部，就能体会到金碧辉煌的含义。

非凡的旅程

酒店还拥有多架直升机和多辆劳斯莱斯轿车专供住店旅客直接往返机场。也可从旅馆28层专设的机场坐直升机，花15分钟空中俯瞰迪拜美景。客人如果想在海鲜餐厅中就餐的话，他们将被潜水艇送到餐厅，这样在他们就餐前可以欣赏到海底奇观。

巴黎的灵魂——埃菲尔铁塔

埃菲尔铁塔屹立在巴黎市中心塞纳河畔,是世界上第一座钢铁结构的高塔,和纽约的帝国大厦、东京的电视塔同被誉为西方三大著名建筑。它凝聚着法兰西民族的创新精神,彰显着近代科学技术的威力,更流露出巴黎这座文化之都的无穷魅力。

历史背景

1884 年,为了迎接世界博览会在巴黎举行和纪念法国大革命 100 周年,法国政府决定修建一座永久性纪念建筑。经过反复评选,法国建筑师居斯塔夫·埃菲尔设计的铁塔被选中,所以建成后就以埃菲尔的名字为命名,叫埃菲尔铁塔。

▲一座象征机器文明、在巴黎任何角落都能望见的巨塔。

◄埃菲尔铁塔是"首都的瞭望台",它设有上、中、下三个瞭望从艾菲尔铁塔上观巴黎美景台。

建造过程

1887 年 1 月 28 日,埃菲尔铁塔正式开工。250 名工人冬季每天工作 8 小时,夏季每天工作 13 小时,终于在 1889 年 3 月 31 日完工。埃菲尔铁塔的金属制件有 1.8 万多个,重达 10 000 吨,施工时共钻孔 700 万个,使用铆钉 250 万个。

🏛 铁塔结构

埃菲尔铁塔采用交错式结构，由四条与地面成 75 度角的、粗大的、带有混凝土水泥台基的铁柱支撑着高耸入云的塔身，塔高约 324 米，相当于 100 层楼的高度。铁塔共有 4 层，每层有一个平台。

🏛 遭到非议

埃菲尔铁塔的设计方案刚刚出炉时就遭到了许多人的反对，其中包括颇有名望的莫泊桑和小仲马等人。即使在铁塔落成后，批评的声浪也并未停息。直到铁塔在第一次世界大战中在无线电通讯联络方面做出了重大贡献，才使反对呼声逐渐平息。

知 识 小 笔 记

地方小档案

位 置:欧洲
国 家:法国
特 色:钢架镂空结构,设计新颖独特

▶埃菲尔铁塔的艺术造型在当时是史无前例的。它用水泥和钢材来建筑四座大拱门底座的技术，是以后出现的钢盘混凝土的先驱。

法兰西历史的丰碑——巴黎凯旋门

世界上的许多国家都有凯旋门，而名气最大、价值最高的要算巴黎戴高乐广场上的凯旋门了。它象征着拿破仑的辉煌时代，现在已经成为法国爱国主义的标志。在法国人的心中，凯旋门就是那种无比自豪的民族荣誉。

圆心的位置

在巴黎香榭丽舍大街起点的戴高乐广场上，12 条整洁笔直的大道从这里辐射出去，像一个巨大的车轮，成为整个巴黎市的核心，凯旋门正在这个圆心的位置上。

法国巴黎的凯旋门是欧洲纪念战争胜利的一种建筑，它来源于古罗马时期，当时统治者以此炫耀自己的功绩。拿破仑也曾经说过："你们将由凯旋门荣归故里！"

建造历史

1805 年 12 月 2 日，拿破仑在奥斯特利茨战役中大败奥俄联军，翌年 2 月 12 日他下令修建凯旋门以炫耀自己的军功。同年 8 月，按照著名建筑师夏尔格兰的设计开始破土动工。但中间时停时建，断断续续经过了整整 30 年，才于 1836 年 7 月 29 日举行了落成典礼。

建筑结构

　　凯旋门高 50 米、宽 45 米，厚 23 米，四面有拱门，门内刻有跟随拿破仑远征的 386 名将军的名字。另外还有 4 块记载重大战役的浮雕，其中最负盛名的是面向香榭丽舍大街的《1792 年志愿军出发远征》，后来的法国国歌《马赛曲》就是由此产生的。

知识小笔记

地方小档案

位　置：欧洲
国　家：法国
特　色：全部由石材建成，并有许多精美雕刻

▲凯旋门上精致的浮雕

著名浮雕

　　著名的《远征》的浮雕由法国著名雕刻家弗朗索瓦·吕德设计，他塑造了 6 个志愿兵和一个寓意的女神。女神凌空飞腾，右手持剑。在女神之下，老军人与小孩处于突出的位置；4 名战士剑拔弩张，斗志昂扬。整个画面洋溢着法兰西人民的爱国主义精神和争取自由的思想。

远眺巴黎

　　凯旋门内设有电梯，可直达拱门顶。人们也可以沿着 273 级螺旋形石梯拾级而上。凯旋门的顶部有一座小型的历史博物馆，博物馆的顶部是一个平台，人们从这里可以远眺巴黎。

　　每年的 7 月 14 日，法国举国欢庆国庆节时，法国总统都要从凯旋门通过；每当法国总统卸职的最后一天也要来此，向无名烈士墓献上一束鲜花。

历史的坐标——德国国会大厦 ■..

德国国会大厦是德国统一的象征,它位于柏林市中心,体现了古典式、哥特式、文艺复兴式和巴罗克式的多种建筑风格。现在,国会大厦不仅是联邦议会的所在地,而且也是最受欢迎的游览圣地,其不断更新的历史映射着自 19 世纪以来德国历史的各个侧面。

建造历史

德国国会大厦建于 1884 年,由德国建筑师保罗·瓦洛特设计,最初为德意志帝国的议会。1933 年 2 月 27 日大厦失火,部分建筑被毁。第二次世界大战中,大厦遭到严重毁坏。1961~1971 年,大厦按保罗·鲍姆加藤的设计方案重建。

地方小档案

位　置:欧洲
国　家:德国
特　色:巨大的玻璃穹顶和独特的环保功能

大厦的结构

德国国会大厦的建筑面积为 1.15 万平方米,只相当于美国国会大厦的 1/3。大厦正面宽 88 米,6 根古希腊式的大理石柱子使它显得既威严又气派。它纵深 137 米,曾拥有 22 个会议厅和多达 200 间的办公室;四面各有一个门,主门正对着柯尼斯广场。

柏林城的新标志

1994~1999 年，诺曼·弗斯特爵士以大厦最初的规模为蓝本设计，对国会大厦进行了重新修建，建成为一座现代化的议会办公大楼，新建的穹形圆顶供人游览，而且这穹形圆顶已成为柏林城的新标志。

↑ 德国国会大厦穹形圆顶

环保的大厦

现在，大厦通过自然采光、通风、联合发电及热回收系统的广泛使用，不仅能耗和运转费用降到了最低，而且还能向邻近建筑物供电。玻璃穹顶不仅有助于采光，而且还可以节省电能和热能。此外，生态技术的使用，还使整个大厦设备的二氧化碳排放量减少了 94%。

珍贵的涂鸦

第二次世界大战结束后，胜利的苏联红军在德国国会大厦的石墙上刻下不少留言。后来，人们曾对是否保留这些形形色色的留言进行过一番激烈的争论，最后，德国政府决定保留大部分并拍照作为资料永久保存，这成为了一份珍贵的历史见证。

↑ 德国国会大厦表达了德国人民在历经风雨后对自由和民族尊严的一种向往之情

地下的艺术殿堂——莫斯科地铁

世界上各个国家的大都市一般都有地铁，莫斯科地铁不仅是世界上客流量最多的地铁之一，也是世界上规模最大的地铁之一。莫斯科地铁还一直被公认为世界上最漂亮的地铁，享有"地下的艺术殿堂"的美称。

地铁的历史

1935 年 5 月 15 日，苏联政府出于军事方面的考虑，正式建设莫斯科地铁，其工程耗时仅 3 年，一期工程建了两条线，后来又建成 3 条、4 条线，到 1943 年有 5 条线通车，20 世纪 40 年代末出现了把各条线穿起来的环线地铁。1962 年，世界上最早的行车自动化系统在莫斯科地铁试用。

莫斯科地铁全称为列宁莫斯科市地铁系统，是上使用效率第二高的地下轨道系统。

莫斯科地铁的每个车站修建得舒展典雅

艰难的工程

在地下施工，难度非常大，许多车站都是深埋地下，最深的狄纳莫车站地段离地面深达 40 米。修建这样宏大的工程，需要投入巨大的人力、物力和财力，而且还要具有超凡的胆识和魄力。

地铁的现状

如今，莫斯科地铁共有 12 条线路，全长约 300 千米，有 171 个站台，4 000 列地铁列车在地铁线上运行。地铁每天平均开 8 500 多次列车，担负全市客运量的 45%，每天运送的乘客达 700 多万人次。

知识小笔记

地方小档案

位　置：欧洲
国　家：俄罗斯
特　色：规模巨大，装饰华美

莫斯科地铁内的人流

地铁站

莫斯科的每座地铁站都拥有独特的建筑风格。大理石及各种矿石铺满了车站的大厅。精美的大理石艺术雕像、浮雕，典雅的吊灯、玻璃拼花以及站台顶部那些代表着建筑者精湛技艺的马赛克镶嵌画，使车站仿佛成了一座艺术博物馆。

马雅可夫斯基站

马雅可夫斯基站的地面铺砌白色的大理石，边缘用绛紫色镶边，中间一溜儿是猩红色，宛如一条长长的地毯，一直铺设到站台尽头诗人的半身像前。整个站厅雍容华贵，犹如幻想中的境界。

仅仅从地铁候车厅内华丽的吊顶，雍容华贵的吊灯，就不难看出其为什么会被人们称作是地下艺术殿堂。

自由和民主的象征——纽约自由女神像

一个多世纪以来，耸立在美国纽约港口自由岛上的自由女神像已成为美利坚民族和美法人民友谊的象征，它目睹了 1 700 万移民从她身边经过，来到美国寻求新的生活。它永远表达着美国人民争取民主、向往自由的崇高理想。

女神像的历史

自由女神像是法国为纪念美国独立 100 周年和美国独立战争期间的美法联盟，赠送给美国的珍贵礼物。女神像的钢铁骨架由设计巴黎埃菲尔铁塔的埃菲尔设计，雕像由雕刻家巴托尔迪在巴黎完成。1874 年造像工程开工，到 1884 年完全竣工，前后历时 10 年。

长途运送

1884 年 7 月 6 日，自由女神像正式赠送给美国。1885 年 6 月，整个塑像被分成 200 多块装箱，用拖轮从法国里昂运到了纽约。1886 年 10 月中旬，75 名工人将所有零件组成一处。其正式名称是"自由照耀世界"。

◂在自由女神像基座上镌刻着的十四行诗这样写道："那劳瘁贫贱的流民；那向往自由呼吸；又被无情抛弃；那拥挤于彼岸悲惨哀吟；那骤雨暴风中翻覆的惊魂，全都给我！我高举灯盏伫立金门！"

知 识 小 笔 记

地方小档案

位　置：北美洲
国　家：美国
特　色：铜质结构，高大庄严

神像的结构

　　自由女神像是当时世界上最高的纪念性建筑，其高 46 米，底座高 47 米，整座铜像以 113.4 吨钢铁为骨架，27.22 吨铜片为外皮，30 万只铆钉和 100 块零件装配固定在支架上，总重量达 204.1 吨。

气宇轩昂的女神

　　女神身着罗马古代长袍，右手高擎长达 12 米的火炬，左手紧抱一部象征《美国独立宣言》的书板，脚上残留着被挣断了的锁链，象征殖民暴政统治已被推翻。

▶女神双唇紧闭，头戴光芒四射的冠冕。

巨大的神像

　　自由女神像仅食指就有 2.5 米长，1 米宽，指甲则有 75 厘米厚。内部中空，可搭电梯直达神像头部。而且还有一道通向神像手臂的双向螺旋楼梯，共 171 级。

▶自由女神像永远表达着人民对自由的热爱和向往。

最大的火车站——纽约中央火车站

纽约作为世界第一大都市,有着鳞次栉比的高楼大厦,而世界最大的火车站——纽约中央火车站,则不同于那些摩天大厦,它犹如一座优雅的艺术馆,为现代化的铁路交通增添了几分历史价值。

建造历史

纽约中央火车站由美国铁路大王范德比尔特建造,车站始建于 1903 年,1913 年开始正式使用。车站落成后,附近的公园大道上如雨后春笋般出现了许多饭店、办公大楼及豪宅,因此这里也成为当时全曼哈顿岛地价最高的地区。

知识小笔记

地方小档案

位　置:北美洲
国　家:美国
特　色:巨大的室内建筑空间

最繁忙的火车站

迄今为止,纽约中央火车站仍然是世界上最大,也是美国最繁忙的火车站,拥有 44 个站台,有两层铁路在地下,地下一层有 41 条铁轨,地下二层有 26 条铁轨,每天到站和离站的列车有 500 个班次,有 50 万人进出。

▼纽约中央车站,除了揭示新大陆对于普罗大众公共空间的重视,也彰显了火车旅行的黄金年代。

雕像艺术

火车站正面的入口处上方，有一组仿希腊式雕像群组，雕像正中戴羽毛帽的是墨丘利，他是罗马神话中的商业之神，右边为智慧女神密涅瓦的雕像，左边则是海格立斯，代表道德，让人们感受美国繁华之外的道德精神文化。

◀ 四面钟

四面钟

候车大厅中央问询处顶端的四面钟，在车站大厅内非常醒目，这也可以算是中央火车站最有价值的艺术品了。这座四面钟的盘面都是用猫眼石造的，价值在1 000万~2 000万美元之间。

候车大厅

纽约中央火车站的候车大厅是世界上最大的公共建筑空间，大厅的拱顶由法国艺术家黑鲁根据中世纪的一份手稿绘制出黄道12宫图，共有2 500多颗星星，星星的位置由灯光标出，一通电便满目生辉。

美国第一高楼——芝加哥西尔斯大厦

美国芝加哥市的希尔斯大厦在 1974 年落成时曾一度是世界上最高的大楼,在被马来西亚的双塔大厦超过之前,它保持了世界上最高建筑物的纪录 25 年。在芝加哥人的心目中,西尔斯大厦永远是最坚不可摧的人工奇观。

独特的外形

整个大厦的平面随着层数的不断增加而分段收缩,从 51 层以上切去 2 个对角正方形,67 层以上切去另外 2 个对角正方形,91 层以上又切去 3 个正方形,只留下 2 个正方形直到顶部。而从外形上看,活像由 9 个巨大竹筒缚成一捆的模样。

大厦的结构

西尔斯大厦 1974 年落成,当时,它以 442 米的高度夺得了世界高楼之冠的称号。整座大厦地上为 110 层,地下 3 层,总建筑面积为 418 000 平方米,其底部是长宽都为 68.7 米的正方形。建造大厦共用钢材 76 000 吨。

→当钢筋、石块、混凝土以一种全新的方式重新组合起来,它就形成了一组伟大的构造。

知 识 小 笔 记

地方小档案

位 置:北美洲

国 家:美国

特 色:束筒结构体系,不同方向的立面形态各不相同

大厦的抗风结构

高层建筑建造时，抗风结构非常重要。西尔斯大厦顶部的设计风压为 3 千帕，容许位移为建筑物高度的 1/500，即 90 厘米，大厦建成后在最大风速下的实测位移为 46 厘米。

"西尔斯都市"

在大楼内，6.9 万千米的电话线在楼内蜿蜒游走，足够环绕地球 1.75 圈。每天约 1.65 万人到这里上班。在第 103 层有一个供观光者俯瞰全市用的观望台，它距地面 412 米，天气晴朗时甚至可以看到美国的 4 个州。

整幢大厦被当作一个悬挑的束筒空间结构，离地面越远剪力越小，大厦顶部由风压引起的振动也明显减轻。

消防系统

西尔斯大厦在各个房间及管道内采用了当时最先进的烟感器、报警器和用电子控制的消防中心消防系统等设施。当有火警发生时，楼内的自动喷水装置会将水自动喷洒于发生险情的地方。

远眺西尔斯大厦

纽约永久的标志——帝国大厦

在 纽约的曼哈顿岛上有数千座摩天大楼，但是在这庞大建筑群中，最醒目的还是帝国大厦。虽然时光逝去，往昔的王者今日辉煌不再，但那份曾经的光芒依然闪耀天际。帝国大厦在美国历经劫难之后，重新出现在人们的视线里，成为一种难以摧毁的精神象征。

建造历史

帝国大厦建造于 20 世纪 30 年代美国经济的大萧条时期。当时，百万富翁拉斯科布为了显示自己的富有，决意修建一座世界最高的大楼。著名的建筑师威廉·拉姆负责此工程，这座摩天大楼只用了 410 天就建成，也可算是建筑史上的奇迹。

最高的建筑

1931 年 5 月 1 日，帝国大厦正式建成。大厦共 102 层，高381 米，加上后来修建的电视塔共高 448.7 米，成为当时世界上最高的建筑。天气晴朗时，游客可以从 102 层观景台和 86 层观景台外步行道眺望五个州。

知识小笔记

地方小档案

位　置：北美洲
国　家：美国
特　色：建造时间短，墙壁装饰采用不同颜色的大理石

帝国大厦既是一座多功能的写字楼，同时也是纽约市最著名的旅游景点之一，成千上万的游客每天在这里排队等候电梯登顶观景。

巨大的建筑

根据估算，建造帝国大厦的材料约有 330 000 吨。大厦总共拥有 6 500 个窗户、73 部电梯，从底层步行至顶层须经过 1 860 级台阶，总建筑面积为 204 385 平方米。

声名显赫的大厦

由于帝国大厦声名显赫，所以许多金融、旅游、保险等行业的大公司，都在这里租用办公室。而且，帝国大厦的顶层一直是许多电影取景的地方，自大厦建成后，共有 90 多部电影选择这里作为取景点，其中包括《金刚》和《西雅图不眠夜》等经典电影。

▶ 帝国大厦是一栋超高层的现代化办公大楼，它和自由女神像一起被称为纽约的标志。

"幸福大厦"

自 1994 年以来，帝国大厦已成为青年人到顶层举行婚礼和纽约人庆祝情人节的传统场所。在这里举行过婚礼的人，就能成为帝国大厦俱乐部的成员，每年情人节都可以免费重返帝国大厦。

巧夺天工的艺术殿堂——悉尼歌剧院

悉尼歌剧院不仅是悉尼艺术文化的殿堂，更是悉尼的灵魂和澳大利亚人的骄傲。它矗立在悉尼港湾的贝尼朗岬角，地处三面环海的开阔地带。大自然的恩赐与人工的匠心和谐地在这里珠联璧合，交相辉映，构成了一幅美丽无比的图景。

来自橘子瓣的灵感

1956年，丹麦37岁的年轻建筑设计师约翰·乌特松看到了澳洲政府向海外征集悉尼歌剧院设计方案的广告。他凭着从小生活在海滨渔村的生活积累所迸发的灵感，完成了这项设计方案。按乌特松后来的解释，他的设计理念来自剥开的橘子瓣。

知识小笔记

地方小档案

位　　置：大洋洲
国　　家：澳大利亚
特　　色：外形独特，充满传奇色彩

建造历史

1959年，歌剧院正式破土动工，直到1973年，经过15年的艰难曲折，悉尼歌剧院终于在几度搁浅后，正式竣工。工程的总花费是设计预算的15倍。英国女皇伊丽莎白二世曾亲自为歌剧院落成剪彩揭幕。

建筑结构

悉尼歌剧院的外观为三组巨大的"贝壳"，耸立在南北长 186 米、东西最宽处为 97 米的现浇钢筋混凝土结构的基座上。整个建筑群的入口在南端，有宽 97 米的大台阶。车辆入口和停车场设在大台阶下面。

三组"贝壳"

第一组贝壳在地段西侧，成串排列，三对朝北，一对朝南，内部是音乐厅。第二组在地段东侧，与第一组大致平行，形式相同而规模略小，内部是歌剧厅。第三组在它们的西南方，规模最小，由两对贝壳组成，里面是贝尼朗餐厅。

悉尼歌剧院的外型犹如即将乘风出海的白色风帆，加上作为背景的悉尼海港大桥，与周围景色相映成趣。

巨大的规模

音乐厅是悉尼歌剧院最大的厅堂，共可容纳 2 679 名观众，通常用于举办交响乐、歌剧、舞蹈、流行乐、爵士乐等多种表演。此外，剧院还有图书馆、展览馆、演员食堂、咖啡馆、酒吧间、5 个排列厅、65 个化妆室等大小厅室 900 多间。

夜晚中的悉尼歌剧院美轮美奂

巧夺天工的